AF366499

CONTES.

ET POÉSIES.

TOME PREMIER.

Tom. 1.

CONTES

ET POÉSIES

DU C. COLLIER,

Commandant-Général des Croisades du
Bas-Rhin.

TOME PREMIER.

A SAVERNE.

1792

AVIS DE L'ÉDITEUR.

Nous offrons au Public la Collection de *Contes du C. Collier*, dont les expéditions variées de sa vie romanesque préparent les matériaux nécessaires pour l'histoire de ce Prélat célèbre. Tout le monde connoît le talent politique de ce C., trop fameux pour *manier* les affaires les plus *cachées* en France & en Allemagne. Sa vie apostolique l'avoit élevé au Siège, que la vertu & l'exemple de ses actions n'ont jamais occupé ; la grace de Louis XV (qui n'étoit pas divine) transforma le mousqueton en crosse, pour

Tome I.   *

faire voir aux races futures que l'on fait faire des miracles à la Cour de France, quand le deſtiné à porter des pareils fardeaux eſt un Nobiliſſime bandit. Le génie guerrier & militaire de notre C. le fit occuper un jour (moi préſent) le ſiège éminemment élevé de ſa voiture, & courir en poſtillon, plus ferme & adroit que ceux qui compoſoient la meute des grandes & petites écuries, amenant les Belles qu'il avoit amuſé par ſes Contes; & entrant ſans rougir dans ſon palais, m'ordonna de répéter la lecture de ſes Poéſies, qui ſont les ſuivantes.

Je ſuis, Meſſieurs,

Votre très-dévoué
ſerviteur, B.

CONTES ET POÉSIES.

LA CULOTTE

DE St. RAIMOND DE PENNAFORT,

CONTE.

C'est un grand mal que le scandale,
On le doit éviter avec précaution :
Mais en faire sortir l'édification,
C'est un miracle de morale,
Il faut porter froc ou sandale
Pour toucher de si près à la perfection.
Dans une ville de Champagne,
Un Bourgeois des plus opulens

Vivoit avec Céphise sa compagne.
Elle avoit mille attraits piquans.
Mais mariés depuis trois ans
Ils n'avoient point encore d'enfans.
Par fois il alloit en campagne
Passer les beaux jours du printems.
Dans la ville un Couvent de l'ordre Séraphique
Etoit un grand Prédicament;
Des Dévotes toute la clique
Couroient avec empressement
Entendre le style emphatique
De leur Gardien qui prêchoit fréquemment.
Leurs confessionnaux sembloient être d'aimant,
Tant ils attiroient la pratique;
Plus, de Raimond de Pennafort,
Ils avoient la vieille culotte
Bien enchassée, & que mainte Dévote,
Aux jours de fête, alloit baiser avec transport.
Cette relique étoit un vrai trésor
Pour l'heureuse Capucinière,
Sur le viril accoutrement;
Sans marchander pour le paiement;
Chaque jour on faisoit chanter maintes prières,
Pour obtenir grossesse promptement,

Ou moins fouffrir pendant l'accouchement.
Céphife ne fut la dernière :
Mais pour approcher dignement
De la relique prolifère,
Elle fe confeffe humblement
Aux genoux du Père Vicaire.
Le gaillard étoit un compère,
Il ne peut voir impunément.
A fes pieds objet fi charmant,
Dont la confeffion n'eft au fond que mifère.
Mais pour cacher fon defir véhément,
Il arme fon front de colère,
Et vous la tance vertement
Sur fon coupable attachement
Aux frivoles biens de la terre :
» Pour votre époux votre cœur eft de feu,
» Et pour le Ciel il eft de glace.
» Si vous voulez fur vous faire tomber la grace,
» Il faut davantage aimer Dieu.
» Sur terre nous tenons fa place.
» J'irai chez vous préparer votre cœur
» A recevoir du Ciel cette infigne faveur
» De voir fortir de vous une pieufe race.
» En attendant, vous lirez chaque jour,

A ij

„ En François, vingt verſets myſtiques
„ Du ſaint Cantique des Cantiques,
„ Pour réchauffer envers Dieu votre amour ".
Le lendemain, il vole chez Céphiſe
D'un air plein de componction.
Sous ombre de religion,
Par dégrés ils s'impatroniſe ;
De l'eſprit pas à pas il prend poſſeſſion ;
Emeut le cœur, s'inſinue & maîtriſe
Enfin juſqu'à l'opinion ;
Puis ſuivant en homme d'Egliſe
Son adroite progreſſion,
Il fait ſi bien que de ſa paſſion
Gliſſe l'aveu, ſans qu'on ſe formaliſe ;
Et quatre jours après, plus heureux que Moïſe,
Dont Dieu trompa la ſainte ambition,
Et qui ne put entrer dans la terre promiſe,
Le Moine mit à fin ſa miſſion.
Chez ſes amis l'époux s'amuſoit à la chaſſe ;
Et quelques jours encore il y devoit reſter.
La dévote Céphiſe- & le Père Pancrace,
Du tems cherchent à profiter,
Sans bruit tous les jours ſur la brune
Le Moine vient ouvrir la porte du jardin.

Céphise le reçoit d'une ardeur peu commune,
    Et le garde jusqu'au matin.
    Faut-il qu'une telle fortune
    Soit le lot d'un vil Capucin ?
Un soir, sur le minuit, l'époux qu'on n'attend guère,
    Arrive pour certaine affaire
    Qui lui vient inopinément.
    Dieux! c'est mon mari! Le bon Père
    Se leve précipitamment,
    Prend vîte son accoûtrement;
    Franchit la porte de derrière,
Et, sans se retourner, court jusqu'à son Couvent.
    La peur qu'il a que l'époux ne le frotte
    A si bien troublé son esprit
    Qu'il laisse en fuyant sa culotte
    Sur une chaise auprès du lit.
    Notre bon Bourgeois plein de flamme,
    En arrivant court chez sa femme,
    L'étreint tendrement dans ses bras.
    Autant en fait la sainte Dame
    Pour mieux cacher son embarras.
    Après la première caresse,
Sur la culotte il va porter les yeux :
» Ciel! que vois-je? dit-il, infidèle, traîtresse,

„ Me trahir de la forte! ah! j'en fuis furieux.

„ --- Qu'avez-vous donc ? repris la bonne pièce.

„ --- Perfide, regardez. --- Ah ! calmez ce tranfport.

   „ De Saint Raimond de Pennafort,

   „ C'eft la culotte falutaire,

   „ Que notre bon Père Vicaire,

„ Voyant nos vains efforts pour avoir un enfant,

„ A bien voulu tirer de fon grand reliquaire.

„ Devant elle à genoux, le foir en me couchant,

„ Je dois, pendant neuf jours, réciter mon rofaire.

   „ --- Pardon, dit le crédule époux,

   „ Si ne fachant rien de l'affaire,

   „ J'ai d'abord montré du courroux.

   „ Si fa vertu pouvoit te rendre mère !

   „ Pour participer fûrement

   „ A fa puiffance prolifique,

„ Si je mettois fur moi la divine relique !

   „ --- Il le faut néceffairement.

   „ C'eft le moyen, dit le Père Pancrace,

   „ D'obtenir du Ciel que la grace

   „ Agiffe avec plus d'efficace :

   „ Mais il faut préalablement

   „ Réciter bien dévotement

   „ Les Pfeaumes de la pénitence,

» --- Soit ; je tombe, dès ce moment ;
» Aux genoux de la Providence ”.
A ces mots, d'un ton pénétré,
Le dévot époux pfalmodie
Sur les gregues, l'œil affuré
De profondis, Miferere ;
Et cependant, Céphife s'étudie
Pour dénouer la comédie,
Non fans un peu rire en deffous.
Les fept Pfeaumes finis, l'époux
Avec refpect prend la culotte,
En couvre fa feffe dévote,
Et près de fon époufe il fe place au grand lit.
N'eft pas Moine, dit-on, qui n'en a que l'habit.
Pourtant la gregue féraphique
Sur tous fes fens fi fortement agit
Que fon époufe véridique
Ne lui trouva jamais autant d'efprit.

Dès le matin, Dame Céphife
Prévient de tout fon Directeur,
Et fit bien, de peur de méprife,
Car fon époux plein de ferveur
Vole au Couvent rendre grace au bon Père,

A iv

En le priant de trouver bon
Que cette relique prospère
Neuf jours encor reste dans la maison,
Et paie largement pour dire une neuvaine.
Pancrace, ravi de l'aubaine,
Lui dit de la garder un mois,
Plus, s'il le veut, pourvu que toutes fois
Sur la chose il puisse se taire,
Pour que les femmes du canton
Ne quittent point leur monastère,
Apprenant que le reliquaire
Se trouve ainsi dans l'abandon.
Le bon époux le promet, & l'engage
A manger dès ce jour la soupe du ménage.

Il est du devoir d'un Conteur
De ne rien cacher au Lecteur;
Vous saurez donc que Madame Céphise,
Depuis sept à huit jours sentoit, avec surprise,
Des dégoûts & des maux de cœur;
Son époux éloigné, c'étoit un grand malheur:
Mais aujourd'hui sa présence autorise
A ne point cacher sa douleur.

Entre le Bourgeois & sa femme

A table on met le Confesseur.

On sert : bientôt la bonne Dame

Sent que son cœur bondit, & change de couleur.

Le bon mari s'allarme : « Eh quoi? dit le Vicaire,

  « Est-ce l'instant de la frayeur ?

  « Calmez-vous ; la relique opère.

à --- Quoi, déja ! dit l'époux ; grand Saint, quelle

      faveur !

  « Ah ! si ma femme devient mère ;

  « C'est bien vous, mon cher Directeur,

« Que son enfant doit appeller son père » !

  Puis il embrasse avec transport

  Tour-à-tour le Moine & Céphise ;

Qui de son mal se trouve un peu remise.

  De Saint Raimond de Pennafort

La culotte à présent vous devient inutile.

  A quelqu'autre femme stérile,

  Dit le Pater, vous feriez tort :

Mais vous devez témoignage authentique

Au miracle qu'ici fait la sainte relique.

  « --- Nous le lui rendrons sans effort ».

Le bon Moine qui sait qu'une sainte imposture

  De maints Couvens a souvent fait le bien,

  Court sans tarder à son Gardien

Conter sa galante aventure.
Il fait assembler les discrets
Pour décider ce que leurs intérêts
Exigent dans la conjoncture.

Le lendemain, au lever du soleil,
On voit sortir de la Capucinière
Tout le Couvent en pompeux appareil;
Avec la croix & la bannière,
Et la châsse dont avec soin
Ils ont tiré sa relique première.
Sachant qu'ils n'en ont plus besoin,
Ils arrivent bientôt au logis de Céphise,
Nasillonnant quelque *Oremus*,
Reprennent la culotte & vont droit à l'église,
Chantant *Te Deum laudamus*.
Ils font crier miracle aux répondeurs de Messe.
Attiré par la nouveauté,
Tout le peuple autour d'eux s'empresse,
Et désormais pour la fécondité
A leur seul moûtier on s'adresse.
De Pancrace l'habileté
Les fait vivre tous en liesse,
Et sa culotte & sa tendre foiblesse
Relevent son Couvent du vœu de pauvreté.

LE CHAPELET,

CONTE.

Tout chemin mène à Rome; & dans ce conte-ci
  J'en veux donner la preuve : la voici.
  Par des soupirs, des fêtes, d'ordinaire
    Les amans parviennent à plaire :
    Le héros que je chante ici,
A pris pour réussir une route contraire;
  Un chapelet, instrument du salut,
Des *Pater*, des *Ave*, l'ont conduit à son but.

    Dans une ville capitale,
      Du Parlement
      Un Président
    Prit pour femme derniérement
Fille gentille, au regard de vestale,
  Craignant le diable, aimant Jesus,
Disant bréviaire & chantant l'*Angelus*;

Bref, elle avoit paſſé ſa vie
Aux Dames de Sainte-Marie.
De la ville c'étoit le parangon.
Dans la ville par aventure,
Un couſin Capitaine, & qui pis eſt Dragon,
Leſte, bien fait & d'heureuſe figure,
Etant alors, vint la féliciter
Sur ſon hymen; il la trouve charmante.
» Si je pouvois, diſoit-il, ajouter
» A ma liſte cette innocente?...
» L'avanture ſeroit plaiſante ».
Pour réuſſir, aſſiduement
Il vient chez notre Préſidente ;
Mais évitant ſoigneuſement
Qu'aucune démarche imprudente,
Soupir, regard, ni mouvement,
En lui ne décèle un amant.
Il entre, un jour qu'elle étoit ſeule,
Et récitoit dévotement
Son roſaire, tenant ce pieux inſtrument
Qui lui venoit de ſon aïeule.
En le voyant, elle veut le cacher :
» Pourquoi donc, ma belle couſine, »
Dit le Dragon actif à s'approcher,

(13)

„ Souffrez plutôt que j'examine

„ Ce meuble précieux qu'on ne peut trop toucher;

„ L'homme est si sujet à pécher !

„ Par la prière il prévient sa ruine;

„ Et si j'avois moins peur de vous fâcher,

„ Je vous prierois de souffrir que je prisse

„ Part avec vous à ce saint exercice.

„ --- Vous vous moquez. --- Comment ? --- Un

„ Officier !

„ --- On a vu dans notre métier

„ Plus d'un Saint porter le cilice,

„ Dans tout état on doit prier.

„ --- Vous m'enchantez ! la sainte Providence

„ En me donnant un tel cousin

„ A bien passé mon espérance " !

Puis serrant tendrement sa main :

„ Tombons aux pieds de la Toute-Puissance.

„ Divin Sauveur ! hélas ! pourquoi

„ Mon pauvre époux n'a-t-il pas même foi?

„ Quand je dis mon office, il se moque de moi.

„ --- Il s'en moque! bon Dieu! cela n'est pas croyable.

„ --- Cela n'est que trop vrai. --- Il sera reprouvé.

„ --- Prions pour l'arracher à la griffe du diable.

„ Chargez-vous des *Pater*, je dirai les *Ave*.

» --- Volontiers ; cependant on pourroit nous fur-
　　　» prendre,
» Le monde est à préfent fi peu dévotieux.
» On en riroit peut-être.... Il vaudroit, je crois,
　　　» mieux,
» Par deux doigts de verrouil, prévenir une ef-
　　　clandre ».
　　La Préfidente approuve cet avis.
　　Le Dragon va, revient, le verrouil mis,
　　　Et les voilà qui s'agenouillent.
　　　Tous les deux à l'envi bredouillent
　　Pater, *Ave*, *Litanie* & *Credo*.
Le mari furvenant trouve la porte clofe ;
Par le trou de la clef regarde le *duo*,
　　Pfalmodiant hymne, répons ou profe.
　　　» Parbleu, dit-il, la bonne chofe !
　　　» Oh ! qu'ils s'en donnent à gogo.
　　　» Le diable emporte qui s'oppofe
　　　» A leur myftique vertigo ».
　　　Puis doucement il fe retire,
Et dans fon cabinet court achever de rire.
　On ne peut pas fans ceffe prier Dieu :
Pour fon coufin la belle étant fans défiance,
Croit devoir d'un baifer payer fa complaifance.

Il le reçoit, le rend, les yeux remplis de feu;
    Et profitant de l'inexpérience
    De la cousine, il fait tant qu'il s'avance,
Et jusqu'au férieux il fait mener le jeu.
Cependant un ami du Préfident arrive,
    Lui fait vifite, & le crédule époux
    Lui dit comment fon épouse naïve,
    Sur elle ayant fait poufler les verroux,
    Paffoit le tems avec le Capitaine
    A réciter des *Ave* par dixaine.
» Je voudrois par plaifir que vous la puiffiez voir.
    » J'ai par malheur une affaire qui preffe.
    » Allez-y feul, elle eft dans fon boudoir;
» Vous les verrez jouer cette dévote pièce ».
L'ami part & retourne : » Eh bien le chapelet »?
    Dit notre époux en riant d'importance;
    L'ami répond : » Il s'eft caffé, je penfe,
    » Car le coufin le renfiloit.

L'EAU BÉNITE,

CONTE.

De l'eau bénite admirons la vertu.
Son prix eft mince & grande eft fa puiffance.
Par elle un cœur de defirs combattu
   Sait forcer le diable au filence :
Et le pécheur, fous fa faute abattu,
En s'en fignant fléchit la Providence,
Et du Très-Haut excite la clémence.
Elle fait de la chair réprimer l'aiguillon,
Et fitôt qu'un Curé s'arme du goupillon,
   L'Efprit impur s'éloigne en diligence
   Quand on en tient dans un flacon.
Si l'on a gros de foi comme un grain de moutarde,
On peut braver l'orage, & la foudre n'a garde
   De tomber fur votre maifon.
   Sans fa bénigne afperfion,
Les époux fouffriroient des noueurs d'aiguillette;
                  Mais

Mais grace à la fainte recette,
Le malin ne peut plus troubler leur union.
Mais fon pouvoir furhumain & myftique
S'étend auffi quelquefois au phyfique.
Ecoutez bien, vous ne direz pas non.
Au pays des Rouchis, peuple honnête & crédule,
En la cité d'Arras vivoit Dame Gudule,
Sage & pieufe, & touchant les trente ans.
Sa mère, pendant fa groffeffe,
(Le beau Sexe eft fujet à pareils accidens,)
Sa mère regardoit avec vive tendreffe
En un tableau la Sainte pechereffe
Pleurant fes doux égaremens.
Quoique peinte fans vêtemens,
Sa longue & blonde chevelure,
Flottant plus bas que fa ceinture,
Voiloit fes charmes féduifans,
Et des yeux libertins déroutoit la luxure :
Voir cette fuperbe parure,
Et la defirer ardemment,
Ce fut l'ouvrage d'un moment.
En certain lieu, par aventure,
Une vive démangeaifon
Lui prend au même inftant; & la Chronique affure

Que, comme en pareil cas, gratter est de saison.
      La Dame n'en fit pas scrupule :
Dont quatre mois après, lorsque naquit Gudule,
Au monde elle apporta longue & blonde toison,
      Qui ne tenoit pas au chignon.
   L'enfant grandit, ainsi fit sa crinière ;
   Et parvenu à l'âge des amans,
      Gudule, par ses agrémens,
En attiroit près d'elle une ample fourmillière :
   Mais ils perdoient soins, encens & prière.
      Tous leurs soupirs, tous leurs sermens,
Sembloient la rendre encor moins sensible & plus fière.
   L'Amour divin régnoit seul en son cœur.
   Certain enfant adoré dans la Grèce,
   Sous le beau nom du Dieu de la tendresse,
Et comme parmi nous pour l'Esprit tentateur,
En vain pour la séduire employa son adresse ;
   Elle mettoit en défaut sa finesse,
   Et malgré lui conservoit sa pudeur :
Mais difficilement le diable se rebute
Quand de jeune dévote il médite la chûte.
   Un certain jour de chandeleur,
(Le démon prend toujours la forme qu'il veut prendre,)
      Il se cache dans son couvet
   Sous la forme d'un salamandre ;

Et pendant le sermon espérant la surprendre,
Il souleve un charbon auprès du blond duvet :
    Le feu s'allume à la sourdine.
» Je sens bien le roussi, dit alors sa voisine,
» Quelqu'un brûle ; est-ce vous ? est-ce vous ? --- Eh !
            » c'est moi ",
        Dit Gudule pâle d'effroi ;
Et vers le bénitier courant d'un pas rapide,
Elle leve sa jupe, & de l'onde limpide
Elle inonde à grands flots le pudique brasier.
    Qui fut bien pris ? Ce fut notre sorcier.
    Sur un démon, atome d'eau lustrale
    Fait plus d'effet que la pierre infernale
Sur un Chrétien. Il fuit aux enfers tout perclus,
Vomissant à grands cris mil blasphêmes confus.
Tous les Prêtres alors environnent Gudule,
Lui font au nom de Dieu dépouiller tout scrupule,
        Et montrer, malgré ses refus ;
Du miracle récent l'arène ridicule
Qu'ils visitent, chantant maints & maints *Oremus* ;
    Et le Doyen la trouvant sans macule
Au saint procès verbal place son *vidimus*,
Et de son rituel observant la formule,
Il entonne à grand chœur, *Te Deum laudamus*.

B ij

LA DISPENSE,

CONTE.

Un certain Archevêque, il étoit Cardinal,
En visitant un jour son Diocèse,
Accompagné de son Official,
Sur son chemin, près des murs de Falaise,
  Une vieille femme trouva
  Qui le voyant s'agenouilla.
» Mon bon Seigneur, si c'étoit votre grace.....
  » --- Pour vous, dit-il avec bonté,
» Bonne maman, que faut-il que je fasse ?
» --- Un Prêtre de mon fils ; oh ! c'est en vérité
» L'enfant le mieux instruit, le garçon le plus sage ;
» Il parle comme un livre, & dans notre cité
  » A son savoir tout chacun rend hommage.
» --- Fort bien ; pour servir Dieu, voilà tout ce
  » qu'il faut.

» -- On dit pourtant que non , fi de votre Eminence
　　» Il n'obtient pas une difpenfe.
» -- J'en fuis furpris. Quel eft fon vice ou fon défaut ?
　　» Eft-il enriché d'héréfie ?
» --- Pour Rome il fe feroit hâcher comme charpie.
　　» --- A la luxure il eft peut-être enclin ?
　　» --- Ah ! Monfeigneur, voilà prefque l'affaire ;
» C'eft qu'il ne peut... -- J'entends, c'eft un franc
　　　　　» libertin.
　　» -- Non, Monfeigneur ; tout au contraire.
» -- Expliquez-vous : je ne fuis pas devin.
» -- C'eft qu'il n'a pas.... -- De quoi ? -- Dame !
　　　　» je n'ofe
　　» Tout cruement vous dire la chofe.
» -- Eft-il épileptique ? ah ! c'eft un trifte mal ,
　　» Sur-tout quand il vient de famille.
　　» -- Non, Monfeigneur le Cardinal ;
　　» Et je ferois encore fille
» Si feu mon pauvre époux eût été comme lui.
　» -- Enfin , pourquoi faut-il une difpenfe ?
　» -- C'eft, puifqu'il faut tout vous dire aujourd'hui ,
　　» Qu'étant bleffé dans fon enfance,
» Le Médecin a, pour le réchapper,
　　» Par une barbare ordonnance,

B iij

“A mon pauvre enfant fait couper....”

“— J'entends, & de bon cœur lui donne ma dif-
“ penfe.

“ Monfieur l'Official auroit moins de tracas,
“ Si tout notre Clergé fe trouvoit dans fon cas.

AVANTAGES DE LA PATIENCE,

CONTE.

AIDEZ-MOI dans mon embarras,
Difoit à Blaife fon beau-pere,
L'autre jour le pauvre Lucas,
De Suzon je ne fais que faire.
Toujours folle de fes ébats,
C'eft le Curé, c'eft le Vicaire,
Le Marguillier ou le Compère
Que je vois trotter fur fes pas.
Si je parois, ils parlent bas ;
Si je montre de la côlère,
Je les vois rire par éclats :
Je n'aime pas tout ce tracas.
--- Ami, ne vous affligez pas ;
C'eft le vrai portrait de fa mère.
Pendant vingt ans, je n'exagère,
C'étoit toujours nouveaux débats ;

B iv

Elle avoit la rage de plaire :
Cela ne m'accommodoit pas.
A cinquante ans, ma ménagère
De mes conseils a mieux fait cas.
Des galans fuyant le pourchas,
Elle s'efforce à m'être chère.
Ta Suzon est une commère
Qui peut glisser sur le verglas ;
Mais laisse passer les frimats,
Elle fera bien ton affaire.
Les frimats ! bon ! vous moquez-vous,
Répond en enrageant le gendre,
La coquine les fondroit tous.
Tout vient à point qui peut attendre.
Mon Lucas, calme ton courroux.
Vingt-cinq ou trente ans file doux,
Et tu la trouveras plus sage ;
La patience de l'époux
Fait seule la paix du ménage.

LA NIÈCE DU CURÉ,

CONTE.

Un Curé, gros décimateur,
Avoit chez lui, selon l'usage,
Pour avoir soin de son ménage,
La fille, dit-on, de sa sœur.
On n'avoit pas dans le village
Vérifié ce parentage :
Mais on doit croire à son Pasteur.
Le penser en tel cas menteur,
Seroit lui faire un grand outrage.
Il avoit pour le gros ouvrage
La veuve du défunt sonneur,
Femme entre quarante & cinquante,
Près de lui jadis en faveur,
Ayant titre de Gouvernante.
Elle ne vit pas sans humeur
De Suzon la grandeur naissante :

Dans une rixe., avec hauteur,
Elle la traite d'infolente.
Suzon replique avec aigreur :
En vain le Curé fe tourmente ;
Il ne peut calmer leur fureur,
Et du démon perturbateur
L'empire à chaque inftant augmente.
Le faint homme s'impatiente,
Et quittant le ton de douceur,
Il chaffe fa vieille fervante.
La démarche étoit imprudente ;
Car la vieille fe trouvoit fœur
Du Marguillier, place importante,
Dont le titulaire toujours
Peut au Curé jouer des tours.
L'ex-Gouvernante toute émue
Lui conte fa déconvenue ;
Se dit victime des amours
Avec la nouvelle venue ;
Qu'en arrivant elle étoit nue,
Mais que le Curé tous les jours,
Pour qu'elle donne dans la vue,
La charge de nouveaux atours ;
Qu'on voit, à moins que d'être grue,

Qu'à la fabrique il a récours ;
Et que c'est par de tels secours
Que Suzon est entretenue :
D'ailleurs, je sais de bonne part,
Ajoute la maligne pièce,
Que comme vous elle est sa nièce.
Il m'a dit cent fois ; le caffard !
Qu'il n'avoit eu ni sœur, ni frère :
Mais il a voulu, l'égrillard,
Sous sa main, dans son presbytère,
Sans qu'on glose, avoir à l'écart
A deux mains une ménagère.
J'étois en état de tout faire,
Et me voilà mise au *rancard*.
Ma sœur, dit en hochant la tête
Le Marguillier, console-toi.
Je lui ferai bien voir, ma foi,
Que son cheval n'est qu'une bête.
Te chasser ! c'est m'attaquer, moi.
Pour les deniers de la fabrique
Je l'assignerai dès demain ;
Je vais faire un bruit diabolique ;
Quand je suis fâché, je me pique
De ne pas rester en chemin.

Et puis, c'eſt la cauſe publique
Qui ſert de maſque à mon deſſein.
A Suzon tu feras la nique;
Va, va, je vais faire un beau train.
Si nous avions preuve authentique
Qu'il n'eſt pas même ſon couſin,
Ce trait, ma foi, ſeroit unique :
Doucement répands dans la clique
Qu'elle n'eſt rien que ſa catin,
Et la troupe théologique
Lui fera mettre eau dans ſon vin.
On penſe bien que la Commère,
Docile à ſuivre les leçons
Du Marguillier Guillot ſon frère,
En hâte ſeme les ſoupçons
Sur la nièce du presbytère;
A chaque voiſine en ſecret
Elle conte tout le myſtère.
Chacune en répétant l'affaire,
Veut l'embellir par ſon caquet.
De la veillée au cabaret
La médiſance ſe transfère,
Et toujours nouveaux quolibet
Tombe ſur le Curé coquet

Et fa gentille ménagère.
A l'églife, le jour d'après,
(C'étoit juftement un Dimanche)
De Suzon dès qu'on voit les traits,
On rit, on fe tire la manche ;
L'une dit un *fi*, l'autre un *mais* ;
A l'oreille on parle, on chuchotte.
Chacune lui fait fon procès ;
Même jufqu'à la plus dévote
Contr'elle dit quelqu'anecdote.
Mais le pis fut, quand le Curé
Qui ne fait pas ce qui fe paffe,
En furplis, en bonnet quarré,
Dans la chaire va prendre place,
Et prêche d'un ton véhément
Le fixieme Commandement.
On regarde, & puis de fourire,
Les yeux alternativement
Et fur la nièce & fur le fire.
Il s'emporte : mais vainement.
Courroucé, ne fachant que dire,
Il apoftrophe vivement
Notre Marguillier qu'il voit rire :
» Quoi maître Guillot, eft-ce ainfi

» Qu'on doit se tenir à l'église?

» Votre conduite scandalise

» Tous les Chrétiens qui sont ici.

» --- C'est à tort qu'on se formalise »,
Dit Guillot fronçant le sourcil ;

» De mon salut n'ayez souci.

» Souvent celui qui moralise

» Donne au scandale plus de prise ;

» Et la preuve en est en ce lieu.

» --- A qui s'adresse cette injure ?

» --- A vous-même, l'homme de Dieu,

» Qui prêchez contre la luxure,

» Et gardez chez vous pour ce jeu

» Jeune fille, à ce qu'on assure.

» --- Comment ! langue de Lucifer,

» Vous avancez telle imposture !

» Ah ! vous irez droit en enfer.

» Excepté ma nièce, j'en jure,

» Femme jamais n'entre chez moi.
--- Voilà justement l'enclouure »,
Dit Guillot l'arrêtant tout coi.

» Quand on n'eut jamais sœur ni frère ;

» Peut-on garder dans sa maison

» Nièce de l'âge de Suzon » ?

Le Curé, malgré fa colère,
Sentant trop bien qu'il a raifon,
Voyant du danger à fe taire,
Dit : » Je vais expliquer l'affaire.
» Vous connoîtrez la trahifon.
» Mais pour que le Ciel nous éclaire
» Sur ce refpectable myftère,
» Il faut nous mettre en oraifon ".
Difant ces mots, il s'agenouille.
La Paroiffe avec lui bredouille
A la Vierge le beau couplet,
Que tant de fois vieille barbouille
En récitant fon chapelet.
Et fe raffeyant : » Mes chers Frères,
» Dans la Bible & dans les Saints Pères
» On voit diverfes parentés,
» Les unes purement charnelles,
» Et les autres fpirituelles
» Venant du Père des clartés.
» Je ne dirai rien des premières;
» Car la nature fans mes foins
» Sur elle donne des lumieres
» Même au-delà de vos befoins.
» Les fecondes font d'autre forte;

» Et Dieu les garde pour fes oints;

» Leur chaîne eft plus noble & plus forte:

» Par exemple, au faint tribunal

» Vous m'appellez tous votre père;

» Eft-ce à dire qu'à votre mere

» J'ai fait le devoir conjugal?

» Vous ne le penfez pas j'efpère:

» Mais ce titre augufte & chéri

» Montre que Dieu vous régénère,

» *Non ex voluntate viri,*

» Mais par notre faint miniftère

» Autrefois n'étant que Vicaire

» Dans les environs de Noyon

» J'ai prêché l'Incarnation;

» Chaque auditeur étoit mon frère,

» Non, fans doute, charnellement,

» Mais felon Dieu qui fur la terre

» Nous joint fpirituellement.

» Au fermon, de Suzon le père

» Affiftoit toujours conftamment;

» Ce qui vous prouve clairement

» Qu'en Jefus elle eft bien ma nièce:

» Et fi quelque langue traîtreffe

» Interprete malignement

» Un

» Un auſſi pur attachement
» Du Ciel la fureur vengereſſe
» L'excommunie en ce moment ".
Ainſi finit ſon homélie ;
Et l'éloquent Prédicateur
Quitte la chaire, & monte au chœur
Y chanter Vêpres & Complies.
» Qu'il prêche bien notre Paſteur " !
Diſoit à ſa vieille compagne,
Grand Jérôme le Collecteur.
» C'eſt un tréſor, ſur mon honneur,
» Qu'un tel Curé dans la campagne ".
Pour lui, dit Margot, j'avois peur
Sur le chapitre de la nièce :
Mais quel eſprit ! quelle ſageſſe !
Il s'en eſt, ma foi, bien tiré.
Nièce à la mode de Bretagne
Eſt un mot par-tout conſacré.
A l'avenir, c'eſt avéré,
Nous dirons dans notre Champagne,
Nièce à la mode du Curé.

L'HYPOCONDRIAQUE,

CONTE.

CERTAIN époux, fort honnête d'ailleurs,
Après six mois d'hymen, fut atteint de vapeurs
  Qu'hypocondriaques on nomme,
  Il s'imaginoit le pauvre homme
Etre double, & toujours de ce qu'on lui donnoit,
Remèdes, alimens, boisson ou nourriture,
  Pour l'autre lui, bonne moitié laissoit.
  Sa femme, honnête créature,
  De cela se désespéroit :
Car quand l'impulsion de la tendre nature
  Près d'elle au grand lit le portoit,
A demi seulement il poussoit l'aventure ;
Et l'autre, disoit-il, après l'acheveroit ;
  Et l'autre jamais n'arrivoit.
  Dans cette triste conjoncture,
Elle va prudemment consulter son Pasteur.

(35)

En cas pareil c'étoit un grand Docteur;
Leste, dispos, à la face vermeille,
    Près du sexe faisant merveille,
Point cagot, bref, c'étoit un charmant Directeur:
La Dame aux agrémens d'un très-joli visage
    Joignoit un élégant corsage,
    Qui du saint homme excita la ferveur.
Votre époux, lui dit-il, Céphise, n'est pas sage.
Pour ses bien-aimés Dieu signalant sa faveur,
Toujours du bien des foux forma leur héritage.
    Ainsi calmez votre douleur;
De droit divin vous êtes mon partage.
    Si de votre époux la froideur
    Ou vous afflige ou vous outrage,
    Je saurai bien par mon ardeur
    Réparer un pareil dommage.
Du Très-Haut ici bas nous vous offrons l'image;
    Ministre né de l'Eternel,
Je puis plus aisément suppléer un mortel.
    Un tel discours n'étoit pas sans replique,
    Et l'on eût pu retorquer l'argument:
Mais Céphise entendoit peu la métaphysique,
    Et même un secret mouvement
Lui faisoit du Pasteur goûter fort la logique,

Qu'il appuyoit par un geste énergique,
Tel que jadis fut celui du serpent,
Quand son astuce diabolique
D'Eve au fruit défendu fit appliquer la dent.
Je mets à vous céder mon plaisir & ma gloire,
Dit la belle à l'ardent Curé,
Pourvu qu'à mon époux vous puissiez faire croire
Que l'autre de lui séparé
C'est vous. Le bon-homme est timbré.
La chose aisément peut se faire.
--- Soit. Les voilà sortant du Presbytère.
Ils sont chez le malade à l'instant du repas.
Pour l'autre lui, comme à son ordinaire,
Il laisse la moitié des plats. ---
Le Curé, sans plus de mystère,
Mange le reste : Et mais, dit l'époux étonné,
C'étoit pour moi, vous mangez mon dîné.
Lors, sans changer de contenance,
Notre rusé Prêtre lui dit :
Vous êtes le moi qui commence,
Et je suis le moi qui finit.
Ce soir même réponse au lit.

L'ABBESSE A PARIS,

CONTE.

Pour un procès pendant au Parlement,
   Vint à Paris derniérement
   Une Abbeffe jeune & jolie,
   Qui d'une amoureufe folie
N'avoit jamais connu l'égarement.
    Entrée au couvent dès l'enfance,
    Elle avoit pu facilement
    Garder fa première innocence.
    Elle prit un appartement
Chez certaine coufine, ou Marquife ou Comteffe,
   Dont le fils, Cavalier charmant,
   Joignoit à maint autre agrément
   L'efprit & la délicateffe.
   Sans intérêt il ne put voir
L'embonpoint repofé de notre aimable Abbeffe,
   Dont la fraîcheur & la fineffe

Auroient fait plus d'effet à la Cour qu'au parloir.
Nez retrouſſé, peau blanche, fine, œil noir,
Rempli de feux & de tendreſſe,
De l'amour dans ſon cœur firent paſſer l'ivreſſe :
Mais ce Dieu doublement ſignala ſon pouvoir.
Le Cavalier eſt beau, bien fait & leſte,
L'air mâle, le ton noble & le maintien modeſte.
Jamais auprès de ſon moûtier,
N'avoit paru ſi charmante figure ;
Sans quoi l'on pourroit parier
Qu'elle n'eût pas adopté la clôture.
Par un regard où ſe peint le deſir,
Notre amant entame l'affaire ;
Après vient un tendre ſoupir
Que l'on écoute ſans colère ;
Car peut-on ſe fâcher de ce qui fait plaiſir ;
Sur-tout contre un couſin, quand le couſin ſait plaire ?
Enhardi par l'impunité,
L'amant oſe dire qu'il aime.
» Je le crois bien, dit-elle, & moi de même ;
» Ne doit-on pas aimer ſa parenté » ?
Ils étoient ſeuls, & la témérité
Toujours ſe trouve où l'ardeur eſt extrême.
L'amant avec vivacité

Porte la main vers le bonheur suprême :
    D'une pareille liberté
    La senſible Abbeſſe ſurpriſe,
    Un peu tard à la vérité,
    Veut s'oppoſer à l'entrepriſe.
    » Ah, Monſieur, quelle indignité !
    » Vous abuſez de ma bonté... ".
Diſcours perdus! il ne lâche point priſe ;
    Il ſait trop bien qu'en certain cas
L'excès peut faire ſeul excuſer l'inſolence.
    Au comble il porte la licence ;
Et le ſuccès fit voir qu'il ne ſe trompoit pas.
L'épouſe du Seigneur, enivrée, éperdue,
Le ſerre, ſans oſer jetter ſur lui la vue ;
    Il lit dans ſon tendre embarras
La honte & le plaiſir d'avoir été vaincue.
Quelques momens après, encore toute émue,
O Ciel! qu'ai-je éprouvé ? lui dit-elle tout bas.
    A jamais vous m'avez perdue.
Sans cette volupté qui m'étoit inconnue
    Je ne pourrai plus vivre, cher couſin ;
Que faire à mon couvent quand j'y ſerai rendue ?
Cruel! vous me livrez à notre Chapelain.

C iv

LE COLIN-MAILLARD,

CONTE.

DANS un château de Picardie,
Où se trouvoit joyeuse & grande compagnie,
    Arrive un soir un Père Capucin,
Gardien de son Couvent, suivi d'un jeune Frère,
Car ils vont (on le sait) deux à deux d'ordinaire.
    Comme on chomoit le lendemain
    La fête du grand Saint Crêpin,
Le bon Moine au château venoit dire la Messe.
    « Ah bon soir, Père Cucufix,
    Disent le maître & la maîtresse,
» Bon, vous serez du jeu ; cette belle jeunesse
» A résolu, devant ne souper qu'un peu tard,
» De faire en attendant un grand *Colin-Maillard*.
-- Madame, mon état.... --- Belle délicatesse !
    » La plus solide piété

„ N'interdit point l'innocente gaîté.

   „ --- Ce n'eſt point par un vain ſcrupule,

„ Madame, en ce moment que je ſuis retenu :

„ Mais ma barbe, à ce jeu, paroîtroit ridicule,

„ Et par elle bientôt je ſerois reconnu.

„ A ma place prenez le Frère Théodore ;

   „ Son menton eſt imberbe encore :

„ Moi, je vais cependant me tenir à l'écart ".

C'eſt fort bien dit, répond une jeune Commère,

Qui ſoudain d'un mouchoir couvre les yeux du

     Frère,

Puis elle fait trois fois tourner le papelard.

   On l'environne, on s'éloigne, on s'approche ;

Il court de-çà de-là, dans les meubles s'accroche ;

Il ſaiſit l'une, l'autre & ſe trompe toujours,

   Chacune lui fait quelque niche.

   A qui mieux mieux tout le monde le triche ;

Il ne ſait à quel Saint il doit avoir recours.

   Une fringante Peronnelle

L'agace & fuit ; & lui preſque aux abois

   Se met à pourſuivre la belle.

La fugitive & lui trébuchent à la fois.

   Ils tombent tous deux, mais de ſorte

Que la main du frappart, en cherchant à tâton,

Crut du Gardien empoigner le menton.
Dans le dépit qui le tranſporte,
Comment, vous en étiez, dit-il, Père Gardien?
Vous le ſerez, parbleu ! je vous tiens bien.

LE MARI PACIFIQUE,

CONTE.

En France on voit dans maint ménage
Se glisser maître cocuage ;
Et c'est ailleurs comme chez nous.
Si trop sensible à cet outrage
Le mari veut faire tapage,
On se rit encore du jaloux.
En cas pareil un grand courroux
Ne détourna jamais l'orage ;
Vertu de femme est sujette au naufrage,
Et le fruit défendu lui paroît le plus doux.
Que faire donc ? Je crois qu'un mari sage
Doit fermer l'œil & filer doux.
Le bruit amène le scandale.
Et c'est le pis ; car dans le fait,
Lorsque femme forfait à la foi conjugale,
L'époux n'en devient pas plus maigre ou plus mal fait!

Mais par malheur si l'aventure éclate,
On voit mille mauvais plaisans,
Sans nul quartier s'épanouir la rate
Et persiffler à ses dépens.

Un Médecin dés plus célèbres,
Connu par cent pompes funèbres,
Et très-fêté des Belles & des Grands,
A jeune femme, très-jolie,
Qui, dans le tems qu'il expédie
Des brevets de morts aux mourans,
A son logis, se désennuie
A faire connoître aux vivans
Les plus doux plaisirs de la vie.
Point jaloux n'est notre Docteur :
Mais des sots il craint la critique;
Pourvu que sa moitié s'applique
A paroître femme d'honneur,
Du reste il ne prend point d'humeur.

Un jour rentrant plutôt que de coutume,
Il monte à son appartement,
Cherchant, du moins je le présume,
Pour malade pressé certain médicament :

Paſſant auprès du boudoir de ſa femme,
Dont la porte eſt ouverte, il entend des ſoupirs,
Il entre, & voit la bonne Dame
Qui du myrthe des doux plaiſirs
D'un jeune Abbé couronnoit les deſirs :
» Palbleu, dit-il, quelle ſottiſe !
» Doit-on laiſſer la clef, quand on prend tels ébats !
» Si tout autre vous eût ſurpriſe,
» Ç'auroit fait un joli fracas !
» Point ne veux qu'on me timpaniſe ;
» Pourquoi ſont les verroux, ſi ce n'eſt pour ce cas ?
» Et vous, Monſieur, pour un homme d'égliſe,
» Vous êtes peu prudent dans ce tracas,
» Doit-on aux yeux de tous s'expoſer de la ſorte » ?
Puis leur jettant la clef, il referme la porte ;
Et de-là va tranquillement
Et ſans plus s'échauffer la bile,
Aux malades divers commander par la ville
Caſſe, ſené, rubarbe ou lavement.

LA COLÈRE DE BRAMA,

CONTE.

La loi fans doute eſt des plus ſages,
Qui, pour la paix de nos ménages,
Déclare père d'un enfant
Le mari, fut-il impuiſſant.
Sans cela combien de vacarmes,
De ſéparations, d'allarmes,
Et de grabuges pour un rien !
Sans beaucoup rêver, on voit bien
Que le Légiſlateur étoit un bon Chrétien.
N'en convenez-vous pas, Meſdames ?
Mais dans l'Inde, le grand Brama
Ne traite pas ſi bien les femmes,
Si ce qu'on m'écrit de Banza
Bien exactement arriva.
Voici le fait, ſimple & ſans gloſe;
Je ne garantis pas la choſe

Ce Dieu voyant contre son gré
Le fils d'un Visir révéré,
Nouvel Automédon presser dans la carrière
Des coursiers tout couverts d'écume & de poussière;
Ou le fils d'un brave Pacha,
En petite maison, par-delà la barrière,
Folâtrer après l'opéra,
Au-lieu de suivre la bannière,
Que jadis son père illustra;
Des Membres du Divan suprême
En Calembours parler à leurs cliens,
Et persiffler jusqu'à son culte même;
Le Dieu pensa qu'il étoit tems
De mettre fin à ce désordre extrême:
» On ne voit point, disoit-il à Vistnou;
» Aux hommes d'aujourd'hui les vertus de leurs pères.
» Ils me feroient, ma foi, devenir fou.
» Un mouton ne naît point d'un loup.
» La faute par hasard viendroit-elle des mères "?
Vistnou sourit à ce discours.
Il avoit vu le monde & ses métamorphoses;
L'ayant instruit des meilleurs tours
Dont le Sexe charmant sait couvrir ses amours,
Par les effets il remontoit aux causes.

» Puiffant Brama, dit-il, fuivant vos loix, toujours
  » Du père au fils les penchans fe tranfmettent ;
  » Mais quelquefois les Dames fe permettent...
» --- Se permettent !... quoi donc ? Viftnou, que
       dites-vous ?
  » --- Pour ménager la fanté d'un époux
    » Ou vieux ou valétudinaire,
» On lui donne un adjoint, plus jeune & fait pour
       plaire.
  » --- Oh ! quelle horreur !... quoi, le fils du Vifir !...
  » --- Doit la naiffance au Cocher de Fatime.
    » --- Et celui du fier Zéangir ?
    » --- Au Maître à chanter dè Zulime.
  » Ah ! c'en eft trop, dit Brama furieux ;
» Je n'écoute plus rien que ma jufte colère.
» Je vais faire éclater ma juftice en ces lieux,
» Et par un grand exemple épouvanter la terre.
» Que chacun prenne ici la place de fon père...".
Il dit, & tout-à-coup, plus vîte que l'éclair
Qu'on voit étinceler dans les plaines de l'air,
  Les volontés de Brama s'exécutent ;
  Boftangi, Talapoin, Bonze, Pacha, Vifir,
Porteur d'eau, Mandarin, Iman, Dervis, Emir,
  Et cetera, tous enfemble permutent.

Un

Un irréſiſtible pouvoir
Eleve l'un, abaiſſe l'autre;
Le Guerrier ſaiſit l'encenſoir;
Le Courtiſan dans la fange ſe vautre;
Et l'on prétend que dans Banza
Quatre exceptés tout le monde changea.
Sexe charmant qu'à Paris on adore,
Qui même en nous trompant, nous raviſſez encore,
Béniſſez du Trés-Haut la clémente bonté.
En ces lieux vous pouvez en pleine liberté
De vos époux tromper la jalouſie,
Le vrai Dieu ne fait pas pareille eſpiéglerie.

Tome I.   D

LE CHAPELIER A CONFESSE,

CONTE.

Un Chapelier s'accuſoit à confeſſe
Qu'à la luxure il étoit fort enclin.
„ Il faut ſavoir, lui dit le Franciſcain,
  „ Combien de fois l'eſprit malin
  „ Vous fit tomber dans pareille foibleſſe.
„ --- Par les plaiſirs me laiſſant emporter,
„ J'en ai bien ſû jouir, mais non pas les compter.
„ --- Fort bien : mais ſi faut-il encore avec l'offenſe
    „ Faire cadrer la pénitence.
    „ Je manquerois à mon devoir,
  „ En prononçant ſur tel cas ſans ſavoir.
  „ Pour les nombrer faites votre pouvoir.
„ --- J'ai trop de fois commis ce péché condamnable.
„ -- Eſt-ce une fois par mois que vous tenta le diable ?
„ -- Ah , mon Père ! je ſuis un bien plus grand
              pécheur.

„ -- Ouais! tous les quinze jours? -- Ce feroit mi-
　　　„ férable;
„ Je me porte affez bien pour être plus coupable.
„ -- Par femaine une fois auriez-vous ce malheur?
„ -- Qu'une fois par femaine! ah! bien plus fou-
　　　„ vent. --- Pefte!
„ Seroit-ce tous les jours que ce penchant funefte...
„ -- Bien plus; en nul inftant je ne fuis en repos.
„ -- Malheureux, dans quel tems fais-tu donc des
　　　„ chapeaux "!

L'ARMEMENT INUTILE,

CONTE.

MAÎTRE Gaspard, Marchand & Marguillier,
A cinquante ans desirant faire souche,
   Prit jeune femme, l'an dernier,
Digne en tout point de l'honneur de sa couche.
Gertrude étoit son nom, elle avoit mille attraits;
   Œil bien fendu, petite bouche,
   Les dents d'ivoire, le teint frais,
   Et sage sans être farouche;
   Enfin, c'étoit un vrai trésor.
Gaspard ayant de la bourgeoise garde
Eté Sergent, en conservoit encore
La vieille épée avec la hallebarde;
Et quand il se trouvoit le soir en bonne humeur,
   A sa femme il racontoit comme
En telle année il avoit eu l'honneur
De garder le logis de tel ou tel Seigneur,

Que dans son tems il étoit très-bel homme,
Mais qu'il paroissoit bien plus beau,
Quand il avoit cocarde à son chapeau.
Dans sa ville, par aventure,
Revient un jeune Jouvenceau,
Leste, bien fait & d'aimable figure,
L'œil tendre & pourtant un peu fier ;
Bref, il étoit d'une tournure
A réchauffer les cœurs même au sein de l'hyver ;
De plus il étoit Militaire :
Il vit Gertrude ; & bientôt les desirs
Vont leur train, & suivant la coutume ordinaire,
Par tendres regards, doux soupirs,
Il fait ses efforts pour lui plaire.
Il fait plus ; certain soir qu'il la trouve à l'écart,
Il dit que par l'Amour percé de part en part,
Il va mourir, si la Belle ne cède,
A ses tourmens ayant égard,
Et ne lui donne un prompt & doux remède.
Avec courroux la Belle entend son cas ;
En vain lui plaît le personnage :
Vertu de femme aime à faire fracas ;
Et puis déja j'ai dit qu'elle étoit sage :
» Allez, Monsieur, n'espérez pas

» Qu'à mon mari je faffe un tel outrage ;
» Apprenez que, depuis que je fuis en ménage,
» Mon honneur n'a jamais fait le moindre faux pas ".
    Le drôle ne perd point courage.
    Il fait que des femmes l'honneur
    Eft un brouillard, une vapeur
    Qui fur la mer des préjugés s'éleve ;
    Et fe diffipe à la chaleur
Des rayons de l'Amour, quand cet aftre fe lève.
    Le foir Gertrude étant avec Gafpard,
    Fière d'avoir fait réfiftance,
    Va lui conter l'amour de l'égrillard,
    Comme elle a fû le tancer d'importance ;
Et que n'étant pas femme à faire un tel écart,
Elle a bien dans fon cœur éteint toute efpérance.
» Parbleu, répond l'époux, c'eft bien manquer
                » d'égard !
    » Voyez un peu l'impertinence !
    » Vouloir de moi faire un cornard !
    » Je veux punir fon infolence.
» S'il revient, finement attire le gaillard :
» Par un demi foupir ou par un doux regard,
» Il te faut ranimer fa tendre pétulance.
    » S'il te demande un rendez-vous,

» Feins l'embarras de quelqu'un qui balance,
» Et dont l'amour amollit le courroux.
» Lui-même, il se viendra livrer à ma vengeance;
» Caché près de ton lit, armé jusques aux dents;
» Nous verrons à quel point il porte l'impudence,
» Et je saurai, quand il en sera tems,
» Châtier son incontinence.
» Ne vas pas craindre à contretems
» Par quelques privautés de blesser la décence
» Il payera cher ces doux instans.
» Sans scrupule laisse-le faire:
» L'arrêter sera mon affaire".
Gertrude promet d'obéir.
Le lendemain, pressé par le désir,
L'Amant revient chanter sa litanie;
On lui montre moins de rigueur.
Il ravit un baiser sur la bouche chérie;
On gronde à peine, & sa flamme enhardie
Prétend aller de faveur en faveur.
On l'arrête, & sa douce amie
Promet le lendemain de combler son ardeur.
Le soir, la docile Gertrude
Ne manque pas de dire à son époux
L'heure & l'instant du rendez-vous.

D iv

» Bon, dit Gaspard; sur-tout ne fais pas trop la prude,
» Quand il viendra se rendre à l'attelier.
» --- Ne craignez rien, j'y prendrai garde ».
Maître Gaspard montre au grenier,
Y prend sa vieille hallebarde,
Un sabre, un casque & son cimier.
Il les dérouille, s'arme, à la glace se mire;
Il paroît à ses yeux un Achille, un César;
Il met flamberge au vent, pousse en l'air & s'admire.
» Le Jouvenceau, ma foi, va courir grand hasard ».
L'heure approchant, il va dans la ruelle,
De vengeance altéré, se mettre en sentinelle:
Le Galant vient; Gertrude se repent
D'avoir par sa coupable adresse
Conduit au piège qui l'attend
Amant si plein de gentillesse.
Mais trop tard vient ce repentir;
Maître Gaspard est trop près d'elle,
Pour qu'elle puisse l'avertir,
Sans s'exposer à paroître infidèle.
Elle ne peut dans cette extrêmité
Qu'espérer en la Providence,
Qui mieux que l'humaine prudence
Peut nous tirer de la calamité.

Le Jouvenceau, que le defir embrafe ;
Trouvant que le plaifir vaut bien mieux qu'une phrafe,
Veut, fans délai, lui prouver fon ardeur :
Elle réfifte autant que le veut la pudeur ;
Et puis enfin... enfin... enfin elle s'arrange.
L'Amant alors tire de fes gouffets
A deux coups deux bons piftolets ;
En lui difant : » Voilà, mon Ange,
» De quoi punir les indifcrets,
» S'ils apportoient obftacle à nos plaifirs fecrets ".
Notre époux fent alors que le front lui démange :
Mais par refpect pour les armes à feu,
En enrageant, il voit jufqu'au bout tout le jeu.
Tremblant & refpirant à peine,
De peur qu'on n'entendît le bruit de fon haleine.
L'Amant comblé des plaifirs les plus doux,
De Gertrude louant les charmes,
L'embraffe, & fort en reprenant fes armes.
Gafpard, lâchant alors la bride à fon courroux,
Apoftrophe Gertrude, & lui dit : » Ofez-vous
» Après un tel forfait lever fur moi la vue ?
» --- A tort vous êtes mécontent ;
» Que ne l'empêchiez-vous, dit Gertrude à l'inftant,
» Au-lieu de refter là, froid comme une ftatue ?

» --- Voyant ſes piſtolets, pouvois-je me montrer?

» --- Armé de pied en cap, quand la peur vous entrave,

» Simple femme , comment pourrois - je être plus

» brave ?

» Oui, de honte, Gaſpard, vous devriez pleurer ;

» C'eſt par votre rodomontade

» Qu'en ce jour je perds mon honneur ;

» Sans vos ordres, jamais ma vertu, ma pudeur

» N'auroient ſouffert une telle incartade.

» Mais de pareille lâcheté

» Les Tribunaux me feront bien juſtice ;

» Il me faut une indemnité

» Pour mon honneur , ou bien qu'on vous traîne au

» ſupplice ".

Gaſpard ſentant qu'il avoit tort,

Et craignant que ſa turpitude

Ne tranſpirât par le bouillant tranſport

Du courroux que montroit Gertrude,

Pour l'appaiſer ſe fit effort ;

Il quitta pour jamais & ſabre & hallebarde :

Mais il ne put détacher ſa cocarde.

LE SOUPER MÉTAPHYSIQUE,

CONTE.

L'ACARIATRE & prude Arfinoé,
D'un ton pédant & didactique,
Avant foupé chez la fenfible Églé,
Exaltoit l'amour platonique.
Ce beau feu dégagé de l'empire des fens
Mérite feul, dit-elle, notre encens;
Il élève notre ame au-deffus du phyfique.
Par lui nous jouiffons de plaifirs renaiffans,
Et nous bravons le fiel de la critique.
Point de dégoût, point de remords cuifans.
Notre ame au fein d'un tranfport extatique
Voit venir fans regret le déclin de nos ans;
Et par cette heureufe pratique
L'hyver même a pour nous les charmes du printems.
J'ai cru, reprit Églé, que la fage Nature
N'avoit rien fait dont on pût la blâmer,

Et que l'humaine créature
Ne devoit point songer à réformer
Le miracle de sa structure.
Loin de me livrer au murmure,
Je m'applaudis d'avoir besoin d'aimer;
Et sans ce besoin salutaire,
Que deviendroient les noms d'époux, de père?
C'est le plaisir, ce sont de tendres nœuds
Qui de l'humanité consolent la misère,
Rapprochent les mortels, & les joignent entr'eux.
Quel sentiment grossier, reprend la prude austère!
Ces liens par vous si vantés,
Aux yeux de la vertu sévère,
Ne sont qu'obcènes voluptés
Dont la seule pensée excite ma colére.
Le mot de sens me fait horreur;
Et ce besoin, loin d'être un don, ma chère,
De la nature est une erreur.
Des plus vils animaux c'est le commun partage;
Mon ame rejette un bonheur,
Quand & l'âne & le chien ont le même avantage.
En ce moment on les vient avertir
Que le souper est sur la table :
» Tant mieux, j'en ai bien du plaisir »,

Dit notre prude respectable ;

» La faim commence à se faire sentir ;

» Et votre Cuisinier est un homme admirable ».

Églé s'assied, & sans lui rien offrir,

Elle commence à se servir.

Arsinoé surprise, la regarde :

Cloé mange toujours avec la même ardeur ;

Enfin la prude se hasarde :

» Ah ! ces lapereaux ont un fumet enchanteur.

» — Ils sont bons. — Je le crois ; servez-m'en donc

» mon cœur ;

» — A vous, Madame ? — Oui. — Je n'ai garde.

» Le mot de sens vous fait horreur.

» Des plus vils animaux manger est le partage ;

» Votre ame rejette un bonheur

» Quand & l'âne & le chien ont le même avantage... »

De cette ame élevée à l'amour platonique,

Suivez les généreux élans ;

Jouissez par eux seuls ; à vos bons documens

Joignant une austère pratique,

Par un souper métaphysique,

Prouvez comme on échappe à l'empire des sens.

LE MOINE,

CONTE.

On se sert dans quelques pays
Des Moines pour chauffer les lits.
C'est le nom de certain chassis
Où l'on renferme une chauffrette;
On le conduit de couchette en couchette,
 Et de cette façon
Un seul suffit pour toute la maison.
 Dans un castel de Picardie,
 Certaine Dame assez jolie,
 Sans bruit & sans faste vivoit;
Pendant qu'au Régiment son époux commandoit
 De soldats une compagnie,
 Une voisine son amie
 Souvent avec elle restoit.
Les Samedis au soir un Cordelier venoit,
 Le lendemain la Messe lui disoit,

Recevoit un écu pour prix de l'œuvre pie,
Puis au Couvent s'en retournoit.
Un Samedi d'hyver arrive le bon Père.
Le jour d'avant, la Dame avec colère
Avoit chassé sa servante Manon,
Et pour la remplacer, pris la jeune Suzon,
Fille simple, docile & très-neuve en affaire.
Le Cordelier, après maints complimens,
De la part du Gardien & du Père Vicaire,
Se met à table, boit & mange largement,
Et se retire prudemment
Dans sa chambre, pour dire un bout de Bréviaire,
Et pour dormir tranquillement,
Ne sachant rien de mieux à faire.
Les Dames rentrent au sallon,
Se mettent à jouer ou causer, peu m'importe;
Puis onze heures frappant, on appelle Suzon,
Qui vient, & par respect attend l'ordre à la porte,
En baissant les yeux humblement.
Sa maîtresse lui dit : » Suzon diligemment
» Dans le lit de Madame allez mettre le Moine ".
Suzon va chez le Cordelier
Qu'elle trouve déja ronflant comme un Chanoine.
» Père, dit-elle au besacier,

» On s'eſt mépris , & je viens pour vous dire
» Que vous devez changer de lit ".
  A ce propos , le pauvre ſire
Frottant ſes yeux , & n'oſant contredire ;
  Se leve , reprend ſon habit ,
Suit la fille & ſe met dans le lit de l'amie.
Quart-d'heure après on ſonne , & Suzon court au bruit.
» Mettez le Moine à préſent dans mon lit ",
Dit la maîtreſſe à la jeune ſuivante.
Suzon retourne au bon Père , & lui dit :
» Pardonnez ; à regret, Père , je vous tourmente ;
» Mais dans une autre chambre il faut aller coucher.
» --- Vous vous moquez. --- Non , non , il faut vous
            » dépêcher.
  » Quand Madame s'impatiente ,
» Il y faït chaud ; je crains de la fâcher.
» --- Je crois , ma foi, que c'eſt une gageure ",
Dit le frappart, ſe levant à regret :
  Mais l'aſpect d'un lit de duvet
  Fit ceſſer bientôt ſon murmure.
Minuit arrive : on ſonne encore Suzon.
  » -- Bon ſoir, mon cœur. -- Bon ſoir, ma Reine ".
  On ſe ſépare ſans façon ;
Et c'eſt bien fait ; car à quoi ſert la gêne ?

La

La Maîtresse de la maison
Se décoëffe, se déshabille,
Sans que se réveille le drille;
Et sa toilette faite, dit:
„ Otez le Moine de mon lit.
„ --- Où le mettrai-je après, Madame?
„ --- Dans le vôtre, si vous voulez.
„ Cela vous tiendra chaud. -- Oh dame,
„ Savoir s'il le voudra. --- Toujours vous habillez,
„ Au-lieu de m'obéir. -- Allons vîte, mon Père,
„ Il faut encor que vous vous releviez;
„ C'est avec moi qu'on veut que vous couchiez.
„ --- Vous vous moquez, dit le Moine en colère.
„ Toute la nuit veut-on me tourmenter?
„ Puisqu'on m'a mis ici, je prétends y rester.
„ --- Dans mon lit, dit la Dame... -- O Ciel, quelle
„ insolence.
„ --- Vous aurez beau crier, pester;
„ A bout on a poussé ma patience...
„ --- Par quel hasard? --- Trois fois on m'est venu
„ chercher.
„ --- Pourquoi? --- Je n'en sais rien. --- Mais je veux
„ me coucher.
„ --- A vous permis. -- Ah! quel excés d'audace!

Tome 1   E

» — Le lit eſt grand, & je vous ferai place.

» Sans en ſortir, je m'y ferois hâcher.

» — Mais vous, Suzon, expliquez ce myſtère.

» — C'eſt aiſé; Madame m'a dit :

» Mettez le Moine dans mon lit.

» Tout auſſi-tôt j'ai réveillé le Père,

» Et l'ai conduit ici : voilà toute l'affaire ".

A ce trait de ſimplicité,

La Dame, malgré ſa colère,

Ne peut garder ſa gravité :

Femme qui rit eſt à moitié vaincue;

Et notre habile Cordelier,

Mettant à profit la bévue,

Parla ſi plaiſamment de ſa déconvenue,

Que de ſon cœur il amollit l'acier.

Elle envoya dormir ſa ſervante ingénue....

Bon ; mais que devint l'Aumônier ?

LA CONFESSION RÉVÉLÉE,

CONTE.

CE 'n'est affez pour un Curé,
D'être pieux, auftère & charitable,
Sobre, continent, éclairé :
Il faut pour être refpectable
Encore qu'il foit modéré.

A la preuve, un Pafteur d'un affez gros village
  Eut querelle le mois paffé,
Après Vêpres, avec la commère Macé,
  Dont le mari de lui tient à fermage
  Une maifon avec tout l'héritage.
    C'eft je penfe pour un paiement
    Qu'il lui demande, & que réfolument
    La commère Macé refufe,
  Difant avoir payé précédemment.
    » Nous vous payerons deux fois vraiment,
    " Allez, je ne fuis pas fi bufe,

E ij

„ Guillot ne vous doit rien ni moi ;

„ Et vous n'aurez rien par ma foi.

„ C'est pour faire briller sa nièce

„ Qu'il veut piller les pauvres gens.

„ Je ne veux pas qu'à nos dépens

„ Se carre cette bonne pièce ".

A ce propos le bon Pasteur,

Qu'elle poingt par l'endroit sensible,

Ne peut retenir sa fureur ;

Et lui lançant une œillade terrible :

„ Il vous sied bien, langue de lucifer,

„ Suppôt du diable & vrai tison d'enfer,

„ De répandre sur moi votre vénin caustique ;

„ Vous qui ne connoissant nul frein,

„ Par votre conduite impudique…

„ N'êtes qu'une… -- Achevez. -- Qu'une franche catin.

„ -- Catin ?… Vous l'entendez ; j'en demande justice.

„ Voisins, soyez témoins de l'exécration ;

„ Ce Prêtre digne du supplice

„ Révèle ma confession.

L'ENCAN.

CONTE.

Chez certaine Laïs on faifoit une vente.
Meubles, bijoux de prix, dentelles, diamans,
Dont fes nombreux & prodigues amans
Avoient payé fon humeur careffante,
Attiroient le plus grand concours.
Baronnes, Marquifes, Comteffes,
Ambaffadrices & Ducheffes
Y venoient étaler leurs charmes tous les jours.
Femmes de robe & de finance,
Bourgeoifes, Nymphes d'opéra,
S'y trouvoient en grande affluence;
Enfin tout Paris étoit là.
On crie, une fuperbe aigrette!
Cent louis, dit l'huiffier; deux mil fept; mille écus.
Elle eft belle, chacun en voudroit faire emplette;
Et l'on met à l'envi deffus.

E iij

Que c'eſt cher! dit alors certaine Préſidente,
On ne ſe peut pourvoir à cette vente.
Madame, je le vois, dit Sophie à l'inſtant,
L'aimeroit mieux au prix coûtant.

LA MORTE AU MONDE,

CONTE.

Certaine fille
Affez gentille,
Mais pauvre en biens, dans quinze jours, à Dieu,
Pour débarraffer fa famille,
De chafteté comptoit faire le vœu,
Venant chez fes parents dire un dernier adieu,
Certain Gars la voit, la defire,
Saifit l'inftant, & de fon doux martyre
Lui fait l'intéreffant aveu.
Lefte & bien fait étoit le fire;
La Belle partagea fon feu;
Le bienfaifant Dieu du myftère
Jetta fur leurs plaifirs fon aîle falutaire.
Parens, amis, nul ne s'en apperçut :
Mais le tems paffe vîte à pareil exercice;
Jugez quelle douleur ce fut,

E iv

Quand il fallut
Quitter cette agréable lice
Pour se rendré au port du salut !
Au jour dit, au Couvent la Belle va se rendre,
Jure en pleurant de n'être jamais tendre.
Pour prononcer le funeste serment,
La bouche seule parle, & le cœur la dément.
Le Gars, témoin de la cérémonie,
Sent en lui la même agonie ;
Et l'œil en pleurs quitte la compagnie.
Il fut trois jours entiers à son affliction ;
Puis comme il n'est aucune passion
Qui par le tems ne se trouve affoiblie,
A son aide appellant la dissipation,
Par degrés la Nonne il oublie.

Pour un Pape nouveau sur le trône installé,
Le Très-Haut fait que l'on publie
Dans sa Paroisse un Jubilé.
Il se sentoit grand besoin d'Indulgence ;
Et tout homme qui pense doit en être friand :
Le Juste devant Dieu sept fois par jour l'offense ;
Des péchés du mondain le nombre est bien plus grand.
Aux pieds d'un Récollet, nommé Bonaventure,

Il va conter par le menu
Que le forfait qu'on appelle luxure
Lui fut par malheur trop connu.
De la Nonne avec lui détaillant l'aventure,
Le feu qu'il met dans ſes récits
Décele les plaiſirs que le drôle avoit pris.
» Quelle horreur ! dit le Moine en fronçant les ſourcils ;
» Faut-il ſur ſon ſalut, ſi fort qu'on ſe beloufe ?
» Quoi ! de Jeſus vous attaquez l'époufe ?
» Par ſon pieux deſſein morte au monde déjà...
» --- Morte ! mon père, ah ! de grace, alte-là ;
» Morte jamais de la ſorte n'aima ".

LA SONNETTE.

CONTE.

Sur les confins de Normandie
Dans une ville assez jolie,
Vivoit certaine Dame à l'œil vif, à l'air fin,
Savante en l'art de la minauderie,
Sachant par mainte agacerie
Donner des fers au cœur le plus mutin.
Sous les drapeaux de la coquetterie,
Jamais ne fut un plus joli lutin
Dans son agréable folie,
Persifflant outrageusément
Ce qu'on nomme le sentiment;
Et n'ayant pourtant de sa vie
Plus de trois jours prolongé le tourment
D'aucun amant.
Tandis qu'aux champs de la victoire,
Son vieil époux, noble dans son desir,

Se couronnoit des lauriers de la gloire,
Elle cueilloit les rofes du plaifir.
Telle dans nos vallons, la diligente abeille
Fourage tour-à-tour la lavande, le thim,
L'œillet, la fauge & la rofe vermeille;
Chaque fleur lui fournit un odorant butin.
Parmi les foupirans qui cherchent à lui plaire,
Se diftinguoit certain Damon,
Jeune, bien fait & de plus militaire.
Il étoit Capitaine, & qui pis eft Dragon;
Pareilles gens vont très-vîte en affaire.
Tendres propos, doux regards, complimens
Furent mis en-avant, comme on fait d'ordinaire.
Puis de la main de tendres ferremens
Plus énergiques truchemens,
Que le defir dans l'ombre du myftère
Emploie au bonheur des amans.
Puis quelques pleurs... c'eft là du favoir-faire,
M'a-t-on dit : le *nec plus ultrà.*
Par eux on fléchit la colère;
Quand à propos on pleurera,
Sans crainte on peut devenir téméraire;
Et la beauté la plus févère
Par des larmes s'appaifera.

Hélène, c'eft ainfi que fe nomme la belle,
Ne peut voir fans émotion
Ces preuves de fa paffion.
A tant d'amour comment être rebelle !
Sur-tout déja fentant en elle
Un germe d'inclination,
Et n'étant de complexion
A jouer long-tems la cruelle,
Damon vit bien l'impreffion
Que faifoit l'aveu de fa flamme :
Mais pour développer fon ame,
Notre galant avoit befoin
De l'entretenir fans témoin.
Adroitement il dore la pillule
Pour obtenir un rendez-vous...
Mais Hélène qui fent qu'il feroit ridicule
De ne montrer aucun courroux,
Et de paroître fans fcrupule,
Feint de douter de l'ardeur qui le brûle,
Dit : que c'eft peu la refpecter,
Que, s'il avoit de la tendreffe
Il craindroit plus de l'irriter,
Et montreroit plus de délicateffe.
Damon alors de protefter

Que rien n'égale son ivreſſe,
Mais qu'il n'oſeroit rien tenter,
Sans le congé de ſa maîtreſſe;
Que, s'il deſire un entretien,
C'eſt qu'il veut cacher ſon délire;
Qu'il craint que dans ſes yeux le Public n'aille lire,
Que l'adorer eſt ſon ſouverain bien,
Et cetera... l'on ſait ce que peut dire
Amant expert qui cherche le moyen
De mettre fin à ſon martyre.
A de bonnes raiſons on ſe rend à la fin.
Hélène conſent donc que dès le lendemain
Il lui vienne offrir ſon hommage
Vers les onze heures du matin,
Pourvu qu'il jure d'être ſage.
Pareils ſermens, ſelon l'uſage,
Se font aſſez légérement,
Et s'obſervent très-rarement;
Les bien garder ſeroit même un outrage.
Le lendemain notre Dragon
S'en va chez la charmante Hélène:
En arrivant, il apprend par Marton
Qu'elle eſt tenue au lit par la migraine.
» ·· Par la migraine! ô Ciel! faut-il m'en aller? ·· Non,

» Madame veut vous voir; mais elle a fait défenfe
 » Pour autre que vous, Monfieur ".
 Damon entre brûlant d'ardeur,
 Et le cœur rempli d'efpérance.
Marton ayant affaire en ce moment
Sort en fermant la porte étourdiment.
Dans une alcove où le jour vient à peine
 Lutter contre l'obfcurité,
 Du myftère afyle enchanté,
D'où font bannis le fcrupule & la gêne,
 Sur l'autel de la volupté
 Damon voit la fenfible Hélène.
Le défordre régnoit dans fon ajuftement;
 Sa fraîcheur étoit fa parure;
  Et chaque mouvement
 Découvroit aux yeux de l'amant
 Quelque tréfor de la nature.
 Jugez de fon raviffement.
 Dans fon amoureufe furie,
 De baifers il couvre fa main;
 Bientôt fa bouche plus hardie
 Ofe s'imprimer fur le fein;
A demi-voix alors Hélène crie :
» Le ferment d'être fage eft-ce ainfi qu'on l'oublie "?

Damon répond par un nouveau larcin.
Si la pudeur l'accufe, amour le juftifie.
Mais pour accroître mieux fa tendre frénéfie,
(Qu'une femme a l'efprit malin!)
Hélène veut s'armer de pruderie,
Feint de vouloir traverfer fon deffein,
Réfifte, le repouffe, & d'une voix févère :
» Ah! craignez ma colère.
» Je vais fonner ". Et fa main à l'inftant
Tire un cordon qui dans l'alcove pend.
Un matelot accueilli par l'orage
Au moment d'entrer dans le port,
N'éprouve pas à l'afpect du naufrage
Un chagrin plus cuifant, un tourment auffi fort.
Le dépit dans le fein, le murmure à la bouche,
Damon du lit s'éloigne promptement,
Dans un coin de l'appartement
Va s'affeoir, le front rouge & le regard farouche.
Inhumaine! barbare! & maint autre furnom
Souvent peu mérité, mais d'un fréquent ufage
Exhale de notre Dragon
L'ardent dépit & l'amoureufe rage.
Hélène quelque tems jouit de fon courroux;
Puis un éclat de rire des plus foux

Termine ce long badinage.

» Il m'amuse, dit-elle, avec son embarras,

» Sans ma ruse j'étois perdue.

» Heureusement il ne voit pas

» Que ma fonnette s'eft rompue ».

Je ne vous dirai pas ce qu'alors fit Damon :

Mais j'ai fu depuis par Marton

Qu'Hélene d'une voix émue,

Le nommoit dès le foir fon aimable Dragon.

LE

LE BALET,

CONTE.

Du chien du Jardinier chacun connoît la fable :
Que dans le monde il se voit de parens
Dont l'humeur n'est pas plus traitable !
Quand une mère touche au déclin de ses ans,
Pour sa fille gentille, affable,
C'est un cerbère, c'est une diable.
Il lui paroît abominable
Qu'on lui dise dans son printems,
Qu'elle plaît, qu'on la trouve aimable :
Mais passe encor, d'une fille l'honneur
Ressemble, dit-on, à la prune :
Dès qu'on la touche, adieu la fleur.
Mais cette terreur importune
Ne devroit avoir lieu vis-à-vis des garçons :
Mais femme aime toujours à donner des leçons.

Tome I.   F

Dans un Château flanqué de deux tourelles,
Entouré de foffés, fermé d'un pont-levis,
Qu'avant la poudre, on auroit pu jadis
Placer au rang des citadelles,
Certaine Baronne vivoit.
De feu fon époux lui reftoit
Un fils de vingt ans, Militaire ;
Qui dans les femeftres venoit
Végéter près d'elle à fa terre.
Le tems à la chaffe il paffoit,
Ou bien à voir le Curé, le Vicaire ;
Dans le pays c'eft tout ce qu'on trouvoit.
La Dame avoit pour chambrière
Sa jeune filleule Babet,
A l'œil vif, au teint frais, à mine appétiffante
Et dont une gorge naiffante
Depuis deux ans arrondit le corfet.
Le Baron lorgne l'innocente ;
Et bientôt las de ce jargon muet,
Lui dit qu'il la trouve charmante,
Que fi pour fa tendreffe elle étoit indulgente,
A jamais ardent & difcret,
Le myftère profond voileroit leur fecret.
Pareille promeffe eft tentante ;

Sur-tout quand c'eft un aimable Seigneur,
   Qui, d'une voix douce & touchante,
   En foupirant peint fon ardeur.
   Babet fent bien que la décence
   Exigeroit de la rigueur :
   Mais lorfque l'Amour dans fon cœur
   Exerce toute fa puiffance,
Raifon & préjugés font réduits au filence ;
   Le Dieu frippon refte toujours vainqueur.
   Le Baron lit dans fes yeux fa défaite ;
Il voit que c'eft l'inftant de la témérité.
Il preffe ; la pudeur bat enfin la retraite.
Dans fes lignes bientôt campe la volupté ;
Mais de peur de furprife, il faut que la prudence
   Batte l'eftrade & cache à tous les yeux
   De nos amans la douce intelligence.
   Babet ainfi, malgré les envieux,
Jouiroit des honneurs de la pure innocence :
   Mais fa marraine a trop d'expérience,
   Et fent que fans un grand labeur
On ne conferve point jufqu'à feize ans fa fleur.
De fon fils elle craint la tendre pétulance,
   Et redouble de vigilance,
   Pour arracher Babet au féducteur.

F ij

Elle furprend un fouris, une œillade;
Un ferrement de main & mainte autre incartade,
Qui trahiffent toujours une naiffante ardeur.
Elle prépare une embufcade,
Pour fe mieux affurer des progrès du trompeur.
Feignant le foir d'être malade,
Elle fe couche & fait fortir
Son fils & fa jeune fuivante,
Voulant, difoit-elle, dormir :
Puis fe releve, & d'une main prudente
Sans bruit ouvre la porte, & marche à pas de loup,
De crainte de manquer fon coup.
Une affez longue galerie
Séparoit en deux le Château;
De ce côté demeuroit Ifabeau,
Le Baron dans l'autre partie.
Contre la porte elle place un balet;
Et l'arrange de telle forte,
Que, fi fon fils alloit joindre Babet,
Il le feroit tomber en entr'ouvrant la porte.
Ayant tendu ce trébuchet,
Dans fa chambre elle va fe rendre,
Ayant toujours l'oreille au guet.
Notre Baron ne la fait point attendre :

Le balet tombe avec fracas ;
Auffi-tôt elle eft fur les pas
Du pauvre amant confus de cette efclandre.
» Une maille, dit-il, eft fautée à mon bas ;
» J'allois prier Babet de la reprendre.
--- Une maille ; fort bien : mais je ne prétends pas
» Que ma filleule ait foin la nuit de votre bas.
Force fut au Baron d'obéir en filence,
Il fe retire, enrageant de bon cœur.
Babet le lendemain n'a pas plus de bonheur ;
Sa marraine aigrement la tance,
Traite fon fils de fuborneur,
Et termine fa remontrance
Par l'éloge de la pudeur.
La leçon les rends inventifs,
De l'Argus avec art trompant la vigilance,
Leurs plaifirs, pour être furtifs,
N'en furent, dit-on, que plus vifs.

LES CLEFS.

CONTE.

Certain Richard un peu sur l'âge,
S'ennuyant seul dans son ménage,
D'une jeune épouse fit choix.
Elle étoit douce, point sauvage,
L'œil vif, lorgnant en tapinois,
Et se plaisant fort à l'hommage
Des cœurs qui recevoient ses loix;
Et ne voulant pas être ingrate
Envers ceux dont l'encens la flatte,
Avec les myrthes des plaisirs
Elle couronnoit leurs desirs.
Notre époux qui se rend justice
Auroit à sa vive moitié
Pu passer un tendre caprice:
Mais il se trouve humilié
Du nombre qui s'empresse à faire son office.

Il fait trop bien qu'en pareil cas,
Graces à l'humaine malice,
On se rit d'un mari qui fait trop de fracas.
Pendant un tems en silence il endure :
Mais sa femme ne songeoit pas
A garder la moindre mesure
Dans ses fréquens & trop bruyans ébats.
Sachant que les voisins, qui voyoient chez la Belle
Entrer à toute heure du jour
Même de nuit la nombreuse sequelle
Des galans qui lui font la cour,
Lançoient mille brocards sur elle,
Et qu'entre ces rivaux l'Amour
Doit tôt ou tard faire naître querelle,
Voulant par la douceur la mettre à la raison,
Il fait marché d'une maison
Joignant la sienne, & sur une autre rue,
Ayant une fort belle issue,
Jusqu'à laquelle il fait construire un corridor
Qui chez son épouse vient rendre.
(Pareil époux est un trésor.)
Un autre soin qu'il fait encore prendre,
C'est de poser à l'autre extrêmité
Une porte solide avec forte serrure,

Dont il fait faire avec célérité
 Six clefs d'élégante tournure.
Puis de sa femme invitant les parens,
 Leur fait servir un repas magnifique.
 Après dîné, d'un ton froid & cauftique,
 Je ne fuis point, dit-il, de ces tyrans
Qui tiennent leurs moitiés dans un trifte efclavage,
Je fais qu'ayant atteint l'automne de mes ans,
 Ma femme auroit bien de triftes momens,
 Si j'exigeois tout fon cœur fans partage :
 Mais je voudrois impofer aux méchans
  Qui jafent dans le voifinage
  Sur les allans, fur les venans
Qui tour à tour ici viennent lui rendre hommage.
Par l'autre rue, on peut entrer dans la maifon ;
 Voilà fix clefs de la porte, Madame,
 A chaque amant, ainfi que de raifon,
Donnez-en une : mais qu'aucun n'entre ni forte
  Que par cette petite porte ;
 C'eft le moyen d'éviter les difcours
  Sans renoncer à vos amours.
Si de vos favoris le nombre encore augmente,
 Au Serrurier on peut avoir recours.
 A ce propos fon époufe tremblante

Tombe à ses pieds, les baigne de ses pleurs,
En gémissant abjure ses erreurs ;
La douleur rehaussoit ses charmes ;
Par ses baisers l'époux court essuyer ses larmes ;
Et le bonheur depuis est rentré dans leurs cœurs.

LE BONNET QUARRÉ,

CONTE.

Ouvrez les faſtes de la terre,
Et vous verrez cent conquérans
Plus redoutés que le tonnerre,
Dans les tranſports de leur colère,
Couvrir d'impétueux torrens
La ſurface de l'hémiſphère ;
Et plus ſanguinaires que grands,
Par-tout, des flambeaux de la guerre
Allumer les feux dévorans :
Le citoyen humain & juſte,
Parmi de tels héros voit rarement ſon buſte.
On dreſſe peu d'autels à l'homme modéré :
Mais nos cœurs ſont le temple auguſte
Où pour jamais ſon nom eſt révéré.
Il eſt plus grand d'oublier un outrage,
De pouvoir ſe venger & ne le faire pas,

Que de porter le meurtre, le ravage,
Et l'épouvante & la mort fur fes pas.
C'eſt auſſi plus Chrétien ; car dans le décalogue
Il eſt dit : Vous ne tuerez pas.
Mais il eſt tems de finir ce prologue.

Autrefois à Paris un certain Préſident
Sachant à fond le code & le digeſte,
Eclairé, doux, fage & prudent,
Avoit épouſe vive & leſte,
Cherchant à plaire, & cependant
Cachant fes goûts fous un dehors modeſte ;
Car la femme d'un Magiſtrat
Jadis foumiſe à la décence,
Dans fes plaiſirs, n'oſoit autant mettre d'éclat,
De front & de noble aſſurance,
Que femme de la Cour, pays où la licence
Fut & fera long-tems grace d'Etat.

Un Seigneur du plus haut parage
Ne peut la voir fans l'adorer ;
(Terme qu'a conſacré l'uſage
Pour remplacer celui de deſirer.)
Il fe met donc à foupirer,

Donner cadeaux, tenir tendre langage;
Le bon mari n'en prend aucun ombrage :
  Mais la Préfidente en fon cœur
  Sent tout le prix de cet hommage;
  Et d'une réciproque ardeur
  Lui donne enfin le plus doux gage.
  D'abord du voile du myftère
  Ils enveloppent leurs plaifirs;
  Puis comme le Dieu de Cythère,
  Fuit ce qui gêne fes defirs;
  Et certain foir entre deux draps,
  Notre amant ivre de tendreffe,
  Trouve fa charmante maîtreffe;
Je n'entreprendrai point de peindre leurs ébats,
  Pour ne bleffer votre délicateffe;
  Ils furent vifs : mais l'humaine foibleffe
  Par malheur ne permettant pas
  Que fans relâche on livre ces combats,
Les pavots du fommeil fermerent leurs paupières :
  Le lendemain, de l'Orient
  L'aurore à peine eut ouvert les barrières,
  Que notre digne Préfident,
Pour aller au palais fe lève en diligence,
Prend perruque, rabat, robe, bonnet-quarré :

Mais à peine est-il accoutré
Que le démon de la concupiscence
Le conduit chez sa femme, étant bien assuré
Qu'il se rendroit encore à tems pour l'audience :
Peignez-vous son étonnement
Voyant sa chère & digne épouse
Dormant dans les bras d'un amant.
D'abord, dans sa fureur jalouse,
Il voudroit tout leur sang pour laver son honneur ;
Mais il regarde l'infidelle ;
Dans son désordre il la trouve si belle,
Qu'il sent rallumer dans son cœur
L'amour qu'il eut toujours pour elle.
Il suppose que la douceur,
Mieux qu'une colère cruelle,
Pourroit lui faire abjurer son erreur.
Il prend David pour son modèle,
Qui par Saül persécuté,
Le trouvant dans l'obscurité,
De l'ourlet de sa soutanelle,
Au-lieu de le tuer, s'est, dit-on, contenté
De découper une parcelle.
Notre Président fut encor plus modéré ;
Il ne leur coupa rien : mais il mit sa coëffure.

Non celle qui lui fait injure,
Mais bien son gros bonnet-quarré;
Entre l'amant & l'épouse parjure;
Et sans bruit se rend au palais,
Où tête nue il juge les procès.
D'un songe heureux l'illusion éveille
L'amant; qui plein d'une tendre fureur,
Veut s'élancer sur la bouche vermeille
Du doux objet de son ardeur:
Mais, ô surprise sans pareille!
C'est le bonnet qui reçoit le baiser;
D'abord il croit que sa maîtresse
A, pendant qu'il dormoit, placé pour s'amuser
Ce ridicule obstacle à sa tendresse.
Elle ouvre enfin les yeux: mais le fatal bonnet
Sur elle fit le même effet
Que jadis fit, dit-on, la tête de Méduse:
» Ah, Ciel! dit-elle, qu'ai-je fait?
» A ma faute il n'est point d'excuse;
» Mon mari connoît mon forfait.
» En vain j'employerois la ruse:
» De son mépris je vais être l'objet »;
Et cetera. L'amant toujours plein de sa flamme
Cherche à la consoler par de tendres efforts.

» Non, non, dit-elle, dans mon ame
» La bonté d'un époux fait naître les remords.
» Il pouvoit dans vos bras faire expirer fa femme
» Il m'a donné la vie ; & je ferois infâme,
» Si je cédois encore à vos tranfports ".
L'amant eut beau prier : il y perdit fa peine.
La Dame attendit fon époux,
Sans vouloir l'excufer, avoua fa frédaine,
Et fe foumit aux traits de fon courroux.
Le cœur du Préfident connoiffoit peu la haine ;
La belle par fes pleurs fut renouer fa chaîne,
Et l'amant admirant fon fang-froid fingulier,
Le fit par fon crédit devenir Chancelier.

LE MORIBOND,

CONTE.

CÉLÉBRONS les progrès de la Philofophie,
Qui de l'expérience allumant le flambeau,
    Aux loix de la Géométrie
    Soumit les écarts du Génie,
    Et tira les Arts du berceau.
Rendons pareil hommage à la Géographie,
    Qui par le fombre & faint bandeau
    De l'augufte Théologie,
Près des Limbes conquit un empire nouveau.
Ce climat inconnu fe nomme Purgatoire.
    C'eft là que les pâles humains
    Sortant des mains des Médecins,
    Dans une flamme expiatoire,
    Par un tourment préparatoire,
    S'épurent comme une liqueur
    Qu'un habile diftillateur

Fait

Fait circuler fur un fourneau chymique,
   Mille ou douze cent ans
Dure l'œuvre pharmaceutique.
Mais fi du défunt les parens,
Auffi crédules qu'opulens,
Ouvrent une main magnifique,
Et font chanter mainte rubrique;
Ce nouveau degré de chaleur,
Par une force fympathique,
Porte d'abord au fein du Créateur
L'ame qui fait aux indigens la nique;
Car fans argent, de la gent monaftique,
   On n'excite point la ferveur.

Certain Vieillard (on eft économe à cet âge,)
   Entre fa Garde & fon Curé,
   Se préparoit au grand voyage.
   Le Pafteur, d'un ton d'infpiré,
   L'exhortant à prendre courage,
   Tenoit à-peu-près ce langage.
Ce n'eft affez de dire à Dieu, *Miferere*,
Un cœur contrit préfente autrement fon hommage,
   Et prouve un repentir facré.
   Sans tefter, font morts votre père,

Tome I.   G

Vos tantes, votre aïeul, votre oncle, votre mere :
Vous n'avez pas pour eux fait chanter un obit.
 Ils languiſſent en Purgatoire :
 Il vous feroit bien méritoire
De les tirer d'un lieu preſque maudit.
» --- Eh bien, de ce qu'il faut donnez-moi le mémoire.
» Je le payerai, pourvu qu'il ne ſoit pas trop cher :
 » Les tems ſont durs. -- Cette œuvre expiatoire
 » Pour vous ferme à jamais l'enfer.
 » --- Comptons d'abord. --- Meſſes, une trentaine :
» Dix écus. -- Dix écus ! -- A dix francs la dixaine.
» --- Les Carmes pour dix ſols en diſent par centaine.
» --- Les Carmes ! ſoit. Il eſt marchandiſes à tout prix.
» N'importe ; à quinze ſols, allons, je me réduis.
» -- Paſſe. --- Vingt *libera*, trente *de profundis.*
 » -- A combien ? Parlez en conſcience.
 » --- A huit ſols. -- J'en donnerai ſix.
 » Je conſens à cette dépenſe,
» Pourvu que mes parens aillent en Paradis ".
 Le Vieillard tire alors ſon eſcarcelle ;
Le Curé tient un plat, la Garde une chandelle,
Le Paſteur enchanté par le ſon argentin
Que forment les écus en tombant dans l'étain,
 Feint tout-à-coup un tranſport extatique :

» Quelle fête, dit-il, s'apprête dans le Ciel!
   » Toute la cohorte angélique
   » Court fur les pas de Gabriel
   » Au-devant de votre famille.
» Trônes, Vertus, Archanges, Séraphins,
   » Dominations, Chérubins,
   » Autour d'eux forment maint quadrille.
   » Dans leurs yeux la gaîté pétille.
» Je les vois s'élancer au fein de l'Eternel.
» --- Quoi! déja, cher Pafteur... mes parens... puis-je
   » croire...
» --- Dieu jette fur eux tous un regard paternel.
» Ils ne fortiront plus de ce féjour de gloire.
» --- Y puis-je bien compter? --- Ah! très-certai-
   » nement.
» -- Bon, puifqu'ils font fauvés, je reprends mon
   » argent.

LA NÓCE TARDIVE,

CONTE.

Pour son époufe en mal d'enfant,
Après fix mois de mariage,
Chez l'Accoucheur court maître Jean.
» En tracaffant dans fon ménage,
» Sans doute elle aura fait effort,
Dit l'époux, en pleurant bien fort.
» La pauvre femme ! elle aime trop l'ouvrage :
» Elle n'aura qu'un enfant mort ".
L'Accoucheur le fuit ; il arrive,
S'affure de l'état des lieux.
Bientôt une douleur active
Heureufement fait paroître à leurs yeux
Un gros poupon qui fait des cris de diable.
» Quel bruit, dit maître Jean, cela n'eft pas croyable.
» Il eft venu trop tôt pour le moins de trois mois.
» -- Ah ! répond l'Accoucheur, l'enfant eft bien à terme.

» --- Eh! non, comptez, dit l'époux aux abois,

» C'est à Noël, pour la première fois,

» Je le soutiendrai fort & ferme,

» Que notre hymen s'est terminé.

» --- Peut-être avant aviez-vous badiné ?

» --- Badiné! non jamais, je n'eus, à ma future,

» Connoissant sa vertu, fait une telle injure :

» Cet enfant vient trop tôt ". L'Accoucheur lui repart :

» Soit : c'est peut-être un jeu de la nature ;

» Mais aussi votre noce est venue un peu tard.

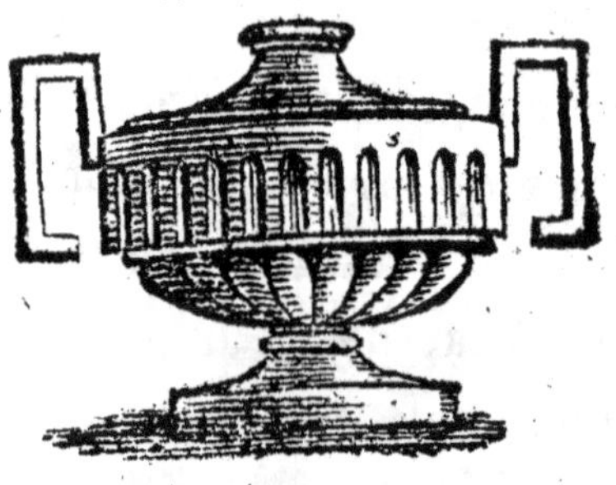

LE PANTOMIME SANS PAROLE,

CONTE.

CHEZ Audinot me trouvant l'autre soir,
J'y fus assis auprès d'un homme en noir,
Qu'à ses cheveux, à l'air noble & sensible
Je reconnus pour un inamovible.
A chaque phrase il étoit attentif,
Plus qu'on ne fut jamais à l'audience;
Et si par fois il rompoit le silence,
C'étoit par un, *c'est bien récréatif.*
  Une agréable pantomime
  Que la gaîté charmante anime,
Vient à la fin fixer l'attention.
On applaudit. Que les gens sont frivoles!
  Dit l'homme noir en levant les épaules;
Quand l'Acteur ne dit mot, à quoi bon l'applaudir!
Audinot a grand tort, & je ne puis souffrir
  Des Pantomimes sans paroles.

LA MÈRE ET LA FILLE,

CONTE.

QUE les Dragons font de terribles gens !
Je les connois, & vous pouvez m'en croire.
J'ai tant vécu parmi ces mécréans !
A la guerre, en amour, avides de victoire,
  Vieux bataillons, appas naissans,
  Ils forcent tout, même en font gloire;
  Et ne croyez que les méchans
Tendent leurs lacs aux seules bachelettes;
J'ai vu souvent de gentilles mamans,
  A blanche gorge, aux yeux friands,
Qu'ils préféroient à de jeunes fillettes.
Pour ce n'en font pas moins intelligens;
Et je connois plus d'une douairière,
  Passant de très-peu les trente ans,
  Que j'aimerois mieux en affaire,
  Que certains tendrons presqu'enfans.

G iv

Un de ces gens, il étoit Capitaine,
Leste, dispos & tourné de façon
Que femme n'étoient par centaines
Qui lui vouluffent dire, non;
En plat pays fe trouva d'aventure
D'un bon bourgeois occuper la maison.
De ce tems la Chronique affure
Que pour affaire importante, dit-on,
L'époux étoit éloigné du canton.
Or, ce bourgeois père étoit d'un tendron
Aux beaux yeux bleus, à gentille figure.
Sous fon mouchoir un double embonpoint rond,
Blanc comme lys, ferme fans impofture,
Alloit, venoit, & de mère nature,
Suivant la fimple impulfion,
Comme l'aimant, attiroit à foifon
Cœurs qui cédoient fans peine à cette attraction.
De cette enfant fraîche eft la mère.
Trente deux ans ne font pas grande affaire,
Quand loin du bruit & des excès
On a vécu fans trouble & fans procès.
Décent eft fon maintien, fans paroître févère.
Son embonpoint d'une fraîcheur!...
Ses beaux yeux noirs d'une douceur!...

Un homme de Cour, un flatteur,
L'appelleroit beauté resplendissante.
Je bénirois le Très-Haut de bon cœur,
   Si, lorsque le diable me tente,
   Dans mon lit j'avois le bonheur
   De trouver telle complaisante.

   En arrivant notre Dragon
   Lorgnoit & la mère & la fille,
   Et par deux portes sans façon
   Seroit entré dans la famille.
Gertrude est belle, Isabelle est gentille :
   Mais comme la rivalité
   Fait souvent naître maint orage,
   Il crut agir en homme sage
   En fixant sa légéreté.
   Du tendron l'ingénuité,
   L'air tendre & point du tout sauvage,
Font espérer plus de facilité ;
   Car d'ordinaire du jeune âge
   Confiance & crédulité
   Sont le dangereux appanage.
Sur Isabeau rassemblant ses efforts,
   Il épuise, suivant l'usage,

Soins affidus, tendre langage;
Soupîrs, promeffes & tranfports.
Ce jeu plaifoit fort à la belle;
Chaque jour il gagnoit quelque chofe fur elle.
C'eft une main qu'on lui laiffe tenir,
Le fichu qu'il ofe entr'ouvrir;
Puis c'eft un baifer tout de braife
Que fur fa bouche il va ravir.
La pauvre enfant bien confufe & bien aife,
Suivant les *us* commence par rougir;
Puis elle gronde, puis s'appaife;
Bref le Dragon éveillant le defir,
Au grand *item* étoit prêt d'en venir.
Rarement on voit la prudence
Accompagner l'adolefcence:
De tout ce train la maman s'apperçut;
Et Dieu fait le chagrin que fon cœur en concut.
En cas pareil p us d'une mère
Eût employé la ménace & les coups.
Quel eût été le fruit de ce courroux?
D'ébruiter toute l'affaire.
Gertrude prit le parti le plus doux;
C'eft à mon gré ce qu'elle put mieux faire.
Elle appelle Ifabeau, lui parle fans colère,

Apprend le tems, le lieu du rendez-vous;
Puis profitant de l'ombre & du myſtère,
Va de ſa fille attendre le galant,
Se promettant de chapitrer le ſire,
Et du ton qu'il le faut, lui dire
Ce qui convient dans un pareil inſtant.
Pas ne tarda notre ardent Capitaine.
Il vient, & dans l'obſcurité
Gertrude lui paroît la fringante beauté
Dont il a le cœur enchanté.
Sur le pied d'un lit il l'entraîne.
Pour mieux juger de ſa déloyauté,
Gertrude s'impoſe la gêne
D'oppoſer en ſilence à ſa témérité
Tout ce qu'elle a de fermeté :
Mais par malheur ſon eſpérance eſt vaine.
Pour punir l'orgueil des humains,
Le Tout-Puiſſant traverſe leurs deſſeins.
Gertrude, comptant trop ſur ſoi pour ſa défenſe,
Négligea d'implorer la divine aſſiſtance :
Dieu l'en punit; le diable en profita,
Et le Dragon ſi près du but alla
Que la Maman, que laſſe la querelle,
Pour l'arrêter, lui dit : » Point ne ſuis Iſabelle.

» Finiffez ces manières-là ;

» Tendre mère de cette belle ,

» Je fuis pour la fauver venue en place d'elle ".

Pour ce notre Dragon ne fe déconcerta.

» Parbleu , dit-il , je gagne au change.

» J'en rends graces à mon bon Ange ".

Toujours fa pointe pourfuivant ,

Notre Capitaine fit tant ,

Cela vous va paroître étrange ,

Que d'abord en fe débattant ,

Et puis enfin en confentant ,

La prudente Manon s'arrange

Et cède aux defirs du galant.

Mais que faifoit en ce moment

Notre innocente Bachelette ?

Souvent jeuneffe eft indifcrète ,

Curieufe fur-tout ; or donc la jeune enfant ,

Defirant de favoir comment

Il falloit gronder un amant ,

A petit bruit fortant de fa chambrette ,

Les bras tendus & l'oreille en-avant ,

Elle s'approche doucement ,

Et par la porte entend confufément

Ce qu'on difoit fur la couchette.

Que sur nous l'exemple est puissant !
Le desir trouble la pauvrette.
Le Capitaine avoit un Lieutenant
Qui par hasard passant dans ce moment ,
A pas de loup s'approcha d'elle
Comme elle écoute, & saisissant l'instant ,
Entre ses bras serre Isabelle.
Elle rougit : il presse ; elle chancelle ;
Et sur un banc propice à leurs desirs,
Ils s'enivrent tous deux du nectar des plaisirs.
On sait que les abois d'une pudeur mourante
Sont quelquefois plus bruyans qu'il ne faut.
Gertrude reconnoît cette voix défaillante ;
Et du lit à la porte elle ne fait qu'un saut.
Elle ouvre, & voit l'innocente Isabelle
Serrant les dents ,& roulant la prunelle,
Pendant que son tendre vainqueur
Par ses transports lui prouvoit son ardeur.
Quel spectacle, bon Dieu ! pour les yeux d'une mère !
Gertrude ne sauroit contenir sa colère ;
Elle voudroit l'étrangler de sa main,
De mille coups meurtrir son sein :
Que sais-je moi, ce qu'elle auroit pu faire.
On ne raisonne pas dans la douleur amère :

Mais nos Dragons préviennent son dessein;
  Puis Isabelle un peu remise
Tombe à ses pieds en fille bien apprise ,
Et l'œil en pleurs embrassant ses genoux ,
Lui dit : Maman, appaisez ce courroux.
Malgré l'état où vous m'avez surprise ,
  Je suis toujours digne de vous.
  Si vous condamnez notre flamme,
  C'est sur la curiosité
  Qu'il faut en rejetter le blâme;
Si nous n'avions à la porte écouté ,
  Il n'auroit pas touché mon ame.
Point n'avoit la maman de réponse à cela,
  Force lui fut d'employer la clémence.
  Isabelle se releva ;
  Dame Gertrude l'embrassa ,
  Lui prescrivit de la prudence;
  Puis deux à deux on s'en alla
En toute liberté recommencer la danse.

LA RELIQUE DU CURÉ,

CONTE.

Que de tout mal Dieu garde nos Pasteurs !
Par leurs leçons ils épurent nos ames ;
Ils font le prône ; ils frondent nos erreurs ;
Instruisent nos enfans, & consolent nos femmes.
    Qu'à juste titre ils font nos bienfaiteurs !
    Prodiguons-leur le tribut de l'estime,
De la reconnoissance & même des honneurs ;
Sur-tout pour prévenir leur courroux légitime,
De nos biens payons-leur exactement la dîme.
Elle est de droit divin, selon tous les Docteurs ;
    Et la refuser, est un crime.
    Certain d'entr'eux dont je tairai le nom,
Rempli pour son troupeau d'un zèle charitable,
    Frais, jeune encore & de bonne façon,
    Dans sa Paroisse avoit femelle aimable,
    Que son époux, honnête homme, dit-on,

Mais d'un âge au fien peu fortable,
Depuis un tems laiffoit dans l'abandon.
De cet époux mince étoit l'opulence :
Mais un parent, riche barbon,
Avoit promis de doubler leur chevance,
Si dans un an leur naiffoit un poupon ;
Mais au défaut de cette circonftance,
D'autres devoient avoir ce don.
Notre époux valétudinaire
A fon parent auroit voulu complaire,
Et Berthe ne difoit pas non.
Mais l'Amour n'approuvant l'affaire,
Refufoit d'allumer le feu de fon brandon.
Dans le chagrin que tout ceci leur caufe,
A leur Pafteur ils vont conter la chofe
De point en point & fans déguifement.
Le bon Curé demande gravement
Lequel des deux conjoints s'oppofe
A la naiffance de l'enfant.
Sur tel fujet, répond Berthe à l'inftant,
Décence veut que ma bouche foit clofe ;
Mais de ma part affurément
Je n'y mettrai jamais d'empêchement.
Quoi donc, reprend le Curé vivement ;

Par

Par une indolence coupable,
Vous osez mépriser les loix,
Et de l'Eglise encor vous fraudez les saints droits.
Si dans ce lieu chacun pensoit de même,
Je ne ferois plus de baptême :
De quoi vivroit alors votre Pasteur ?
Sachez, époux digne de l'anathême,
Que lorsque le cultivateur
Néglige & laisse en friche un champ qui nous doit dîme,
Nous le pouvons mettre en valeur ;
Que la récolte est légitime.
Le pauvre époux déconcerté
Veut s'excuser sur son insuffisance.
Pourroit-ce être, dit-il, mauvaise volonté ?
Quand un enfant, par sa naissance,
Peut me tirer de l'indigence,
Dont vous me voyez contristé ?
Votre faute en ce cas devient plus excusable,
Dit le Pasteur d'un ton plus radouci ;
Et nous avons une relique ici
Qui peut vous être secourable.
Pour elle ayant pleine dévotion,
La femme peut en toute occasion,
Sans que l'époux prenne part au mystère,

Tome I.   H

De beaux enfans le rendre père :
Mais il faut fur ce point de la difcrétion
Je ne voudrois pour d'autres en tant faire.
Allez, Albert, vîte à votre maifon ;
 Et mettez-vous en oraifon,
 Pour que le miracle s'opère.
 Cependant Berthe reftera ;
 Et nous ferons ce quil faudra :
 Songez feulement à vous taire.
On doit toujours créance à fon Pafteur.
Notre docile époux doucement fe retire,
Admirant du Curé la charitable ardeur.

Que de la foi tout-puiffant eft l'empire !
Le mari crut, & le Ciel bienfaifant
Au bout de l'an lui fit naître un enfant.

LE HÉROS DE GERTRUDE,

CONTE.

DEVANT Gertrude on parloit l'autre-jour,
De ces Guerriers, fils de l'Amour,
Qui, fur les pas de la victoire,
Ont enrichi les faftes de l'hiftoire,
De Guillaume, bâtard Normand,
Qu'on a nommé le Conquérant,
De Dunois, du brave Maurice,
Dont le bras toujours triomphant
Du deftin fixa le caprice.
On ne fauroit qu'admirer leurs travaux :
A les louer chacun s'anime.
Non, dit quelqu'un, une ardeur légitime
Ne fit jamais naître de tels héros ;
Et l'amour feul en enrichit la terre.
Dame Gertrude, autrefois prude auftère,
Devient rêveufe, inquiète à ces mots ;

H ij

Puis ſe levant, quitte la compagnie.

Que dans le ſexe eſt grand l'amour de la patrie!

Au grand Couvent elle court ſans tarder,

Sonne : à pas lents le vieux portier arrive,

Et dit : » Qui fait-on demander?

» --- Un Cordelier; qu'il vienne en diligence.

» -- Lequel? -- Chacun m'eſt bon, pourvu qu'il ſoit

» diſpos.

» --- Pourquoi? --- Pour le bien de la France.

» --- Mais ſi faut-il ſavoir d'avance

» Ce qu'on veut de ſa révérence.

» -- Je veux… je veux… qu'il me faſſe un héros ».

LA PERLE DU QUARTIER,

CONTE.

POUR bons propos, vive la Halle !
C'eſt là qu'en pleine liberté,
Avec originalité,
Naïvement l'eſprit s'exhale.
Les Grands dans leur ſtyle affecté
Traitent de groſſiéreté
Des diſcours trop gras à leur guiſe.
Leur orgueilleuſe gravité
Difficilement s'humaniſe.
Pour moi, je vis pour la gaîté,
Et plus qu'aucun bien je la priſe.
Serviteur à la dignité,
C'eſt un travers que je mépriſe;
Bien rire eſt ma félicité.

L'autre matin deux Harangères,
L'une approchant de ſoixante ans,

H iij

Vendant des herbes potagères,
L'autre dans l'âge des amans,
Sur ne fais quoi prirent querelle;
Je demeurai par paffe tems
Pour entendre leur kirielle.
Après maints jurons redoublés,
Qui, dans un grouppe fur la place,
Tenoient les Badauts raffemblés,
J'entends l'anagramme de Grace.
La jeune alors avec tranfport
Veut écarter la populace,
Et fur la vieille faire effort.
Gaupe, guenon, forcière & chienne
Sont les doux noms de fon courroux,
Commence & finit fon antienne.
On alloit en venir aux coups.
On les fépare & l'on s'empreffe
Pour les articles de la paix;
» Quoi! qu'à cette vieille tigreffe
» Je pardonne!... moi? non, jamais,
» A moins que fa langue traîtreffe,
» Qui m'a voulu ravir l'honneur,
» Ne rende hommage à ma fageffe.
» Je fuis pauvre, mais j'ai du cœur ".

La vielle alors avec douceur
Répond : » Pour un rien tu te bleſſe.
» Fanchon , quel beſoin de crier !
» T'es honnête , douce , docile ;
» Oui , t'es la perle du quartier ;
» Tout le monde t'enfile.

LA MÊME,

ÉPIGRAMME.

MARGOT & Catin difputant,
Margot nomma l'autre coquine ;
Catin vous la happe à l'inftant,
En difant : Gaupe, je t'échine,
Si tu ne dis dans le moment
Qu'honnête fille eft Catherine.
Ah ! répond l'autre en s'échappant,
Il ne faut t'échauffer la bile,
T'es honnête, douce & docile ;
Oui, t'es la perle du quartier ;
Soir & matin chacun t'enfile.

LA TÉMÉRITÉ.

Jadis la douce humanité
Succomboit fous l'auftérité.
Un foupir étoit une offenfe.
Vertu d'alors étoit colet-monté.
A préfent moins farouche en France,
Elle pardonne à tendre effervefcence
Quelque peu de témérité ;
Et c'eft bien fait, car la clémence
Ajoute encore à la beauté.
Certaine Ducheffe charmante,
A l'œil doux, à taille élégante,
Faifoit l'ivreffe de fa Cour ;
Et la cohorte s'émillante
Des jeunes fuivans de l'Amour,
Sur fes pas voloit dans l'attente
D'obtenir un tendre retour.
Arrivant des bords de Garonne,
Le Chevalier de Trouffiniac ,

Assez bien fait de sa personne,
Se vantant ab hoc & ab hac,
Bref de ces gens que rien n'étonne,
Crut son affaire dans le sac,
Si cette belle qu'on pourchasse
Pouvoit s'intéresser à lui ;
Et pour obtenir son appui,
Il croit devoir user d'audace.
Mais comment rompra-t-il la glace ?
Voilà l'objet de son ennui.
En vain est-il d'antique race :
C'est peu, sans prôneurs aujourd'hui.
Un jour qu'il rêvoit à sa peine,
Il l'apperçoit sur l'escalier,
Montant, je pense, chez la Reine.
A pas de loup, l'aventurier
La suit, & sa main téméraire,
Sous sa jupe va sans quartier
Fourrager jusqu'au sanctuaire.
Surprise, elle ne peut crier,
Tant violente est sa colère.
Hélas ! je suis perdu, sandis,
Dit alors notre cadedis,
Si vous avez, belle Duchesse,

Le cœur auſſi dur que la feſſe.
Sans doute alors, me direz-vous,
La Dame de fureur atteinte,
Alla ſignaler ſon courroux,
Portant à la Reine ſa plainte :
--- C’eût été bon au tems paſſé.
--- Comment? --- Le Gaſcon fut placé,

LE LAVEMENT MARCHANDÉ,

CONTE.

Pour fa colique, à Blaife eft ordonné,
Un lavement de caffe & de fené.
Chez un Apothicaire il porte l'ordonnance.
    -- Combien le ferez-vous payer ?
    Mais, là parlez en confcience.
-- Trente fols. -- Ah ! c'eft trop pour un pauvre
                ouvrier.
A forfait pour ce prix je ne faurois le prendre,
Dès ce foir je confens, Monfieur, à vous le rendre.
    Combien faut-il pour le loyer ?

L'IMAGE DE St. ROCH,

CONTE.

Une Paroiſſe de village
Pour ſon patron avoit ſon Roch.
Il étoit peint dans ſon image
Galeux, en méchant équipage ;
Et cependant au chant du coq,
On voyoit tout le voiſinage
Lui venir offrir ſon hommage,
Et demander ſon interceſſion
Pour teigne, rogne, gale & rage.
C'étoit une proceſſion
Pour le Curé d'un très-grand avantage.
Un beau jour meurt le vieux Paſteur.
Alors auprès du Collateur,
Les preſtolets courent en foule.
Parmi les Grands l'un cherche un Protecteur ;
Chez ſa Phriné l'autre tient pied à boule ;

Le dernier l'emporta fur tous fes concurrens.
    Il avoit la jambe fournie,
    Nez aquilain & belles dents,
    Teint frais & la mine fleurie,
    Et paffoit de peu les trente ans.
  A peine eft-il inftallé dans fa Cure
    Qu'il confidère avec chagrin
Qu'un Saint qui fait venir l'eau fi bien au moulin
  Soit dans l'églife en fi mince pofture :
    Il fait faire un nouveau tableau,
    Où Roch en jeune Jouvenceau,
  Lefte, pimpant & chargé de dorure,
    A fes yeux paroît bien plus beau.
    Mais le fâcheux de l'aventure,
    C'eft que les dévots du canton
  Ne vinrent plus faire au faint de neuvaine.
  » Tant qu'il étoit roturier, difoit-on ;
» On lui pouvoit offrir des œufs ou de la laine,
  » De la fillaffe ou bien quelqu'autre don.
» Mais à préfent que c'eft un Seigneur d'importance,
    » Pour obtenir fon affiftance
    » Il faudra bien plus de façon ».
  Notre Curé voyant que l'élégance
    Ne lui produifoit rien de bon,

Et que Saint Roch reſtoit dans l'abandon,
Monte au grenier prendre la vieille image,
La replace ſans bruit, étant bien convaincu
Que celui-là n'eſt pas trop ſage,
Qui pête plus haut que le cu.

LA MÉMOIRE INCERTAINE,

CONTE.

CERTAINE femme de la Cour,
Dédaignant noblement le préjugé vulgaire,
    Prenant souvent les defirs pour l'amour,
    (Cette méprife eft affez ordinaire.)
D'un Saint Abbé venoit de couronner les feux.
Que d'appas! lui dit-il; fi bien faite pour plaire,
Que vous ayez dû faire un grand nombre d'heureux!
Je ne chercherai point, dit-elle, à m'en défendre.
Le Ciel à mes attraits a joint un cœur fi tendre!
Comptons. Le Prélat. -- Oui. --- L'Ambaffadeur.
        --- D'accord.
    --- Deux Miniftres, le petit Lord,
Six colonels. -- Quelque peu davantage.
Plus trois traitans. --- Vous me faites outrage.
Deux feulement. --- Paffons. Le Maréchal.
-- N'en parlons pas; cet homme aime fi mal!
Combien

-- Combien en mettrons-nous du rang de Capitaine?
-- Je penſe ſept ou huit. --- Suppoſons la douzaine;
Et puis encor le Marquis Alcidas.
... Cela peut-être : mais je ne m'en ſouviens pas.

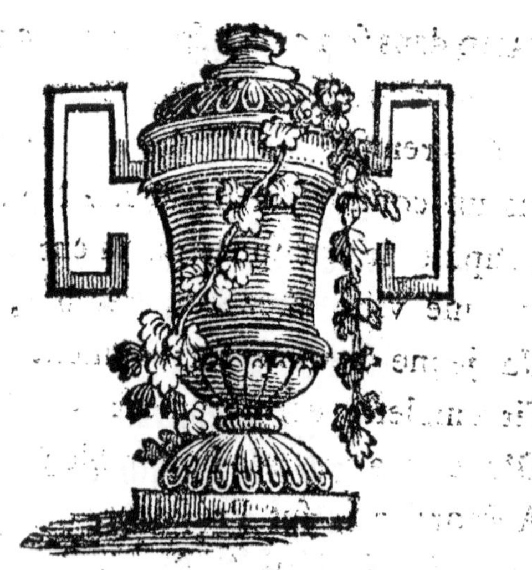

LE PRÉSIDENT,

CONTE.

Quand dans son coffre-fort on a beaucoup d'argent,
On peut avoir une charge aisément.
--- La bien remplir ! --- Oh ! c'est une autre affaire.
Dans un contrat jamais aucun Notaire
N'a stipulé le transport du talent.
Dans une ville assez considérable,
Un jeune homme fort opulent
Fit emplette derniérement
D'une charge très-honorable ;
A Mortier il fut Président.
Il n'avoit feuilleté ni Cujas ni Bartole :
Mais en voyant juger tant d'autres sur parole,
Il crut pouvoir en faire autant,
Et ce d'autant plus aisément
Qu'un sien cousin, Magistrat fort savant,
Se trouvoit de la même chambre :

» Besoin n'ai, disoit-il, d'être aussi fin que l'ambre,
    » Pour me ranger à ses avis ;
    » Par le grand nombre ils sont toujours suivis ".
Un beau matin, dans le mois de Décembre,
    Il s'endort sur les fleurs de lys.
Avocats à plaider cependant font merveille.
Pour opiner après les plaidoyers finis,
    Le premier Président l'éveille.
» --- Donnez votre avis. -- Moi ? celui de mon cousin.
» --- De la fièvre en son lit le pauvre homme est malade.
» --- Je l'avois oublié... cette fièvre est maussade.
» -- D'accord : mais dites-nous votre avis à la fin.
» --- Je suis du vôtre. --- A moi ? Vous vous moquez,
    » je pense ?
» J'opine le dernier. --- Que m'importe ? D'avance,
    » Monsieur, lorsque vous parlerez,
    » J'adhère à ce que vous direz.

LA MÉPRISE DE St. MACLOUX,

CONTE.

QUE nous sommes heureux d'avoir des Saints
là-haut,
Pour obtenir de la Toute-Puissance,
Dans nos besoins ce qu'il nous faut,
Et dans nos maux quelqu'allégeance !
Chacun a son département.
Roch a soin des galeux ; Hubert est pour la rage.
Pour chaque espèce de tourment,
Se trouve un Saint qui le soulage.
En Bourgogne à Macloux pour la fécondité,
Avec assurance on s'adresse.
C'est un Saint plein d'humanité,
Qui volontiers aux femmes s'intéresse.
Mais il faut qu'avec netteté
Elles lui content leur détresse,
Pour éviter tout *qui pro quo ;*

(133)

Car le Saint a plus d'une affaire.
Au Médecin on montre son bobo :
Ne faut avec Macloux faire plus de mystère.

Dans un gros bourg dont il est le Patron,
   Certaine dévote à béquilles,
   De feu son mari vigneron
   Avoit deux belles jeunes filles.
L'aînée étoit femme depuis trois ans,
Et desiroit vainement des enfans.
La cadette étoit vierge, au moins je le présume;
   La mère voit avec douleur
   Qu'en vains efforts son gendre se consume,
   Sans obtenir le fruit de son labeur;
   Du saint Patron implorant la faveur,
Aux pieds de sa statue elle met deux chandelles,
Récite son rosaire avec grande ferveur,
Et vers le bienheureux tournant ses deux prunelles,
   Lui dit : Grand Saint, si tu veux mon bonheur,
   Fais dans neuf mois que ma fille soit mère;
   Puis se jettant la face contre terre,
Brédouille avec ardeur maint & maint oremus.
Croire est un don que Dieu ne fait qu'à ses élus.
Notre dévote étoit de ce nombre, je pense;

Car finissant à peine l'angelus,
Dans son cœur naît la sainte confiance.
Elle retourne à sa maison ;
Et se faisant aider par sa fille cadette,
Qui, je crois, se nommoit Suzon ;
Elle travaille à la layette
Pour la mère & pour le poupon :
Mais apprenez la fâcheuse disgrace ;
Le Saint avoit mal entendu.
Les époux n'eurent point le fruit tant attendu ;
Ce fut pour Suzon que la grace
Par méprise fut efficace.
La vieille n'écoutant que l'affreux désespoir
Court à l'église, & de Macloux s'approche.
» Chien de Saint, des Saints le plus noir,
» Vieux mal bâti, misérable bamboche,
» Dont sottement j'implorois le pouvoir,
» Que t'ai-je fait, pour perdre ainsi ma fille?
» Je veux casser tes membres tout pourris ".
Puis frappant sur le Saint à grands coups de béquille,
Elle alloit le réduire en de tristes débris,
Si le Curé, que la Chronique assure
Avoir eu part plus que Macloux
A la scandaleuse aventure,

N'eût par ces mots appaifé fon courroux.
  Quittez une injufte colère ;
  Vous defiriez être grand'mère,
  Sans faire de diftinction
  Dans votre fervente prière.
Pour Saint Macloux votre dévotion
A mérité fon interceffion ;
Et quand par lui le miracle s'opère,
Vous vous livrez à votre paffion ?
Une faveur du Ciel doit être toujours chère.
Recevez, recevez avec foumiffion.
  Le préfent qu'il daigne vous faire :
Une autre fois ayez attention
D'expliquer au Patron un peu mieux votre affaire.

I iv

LA BONNE MÈRE,

CONTE.

Araminthe a trente-deux ans,
Sa fille Isabelle en a seize.
Toutes deux ont peau fine, blanches dents,
Et cœurs plus chauds qu'une fournaise.
La mère à les traits plus frappans ;
La fille semble un peu niaise :
Mais on voit que ses agrémens
Seront plus vifs & plus piquans,
Quand elle aura soutenu thèse.
Près d'elles on voit mille amans,
Lorgnans, contant mainte fadaise,
Et soi-disans bien plus ardens
Que jamais ne le fut la braise.
La mère fait répondre aux gens ;
Et malgré son humeur courtoise,
Quand elle voit des soupirans,
D'un coup d'œil elle vous les toise.

Notre Ifabelle eft moins matoife,
Plus foumife au pouvoir des fens,
Et ne croyant pas aux méchans
Dont l'art cache l'humeur fournoife,
(Ce qui ne vient qu'avec le tems)
Elle pourroit, pour éviter la noife,
Céder aux difcours féduifans
De nos perfides élégans.
La mère qui connoît fa fille,
Et qui fait trop qu'en fait d'honneur
Il n'eft jamais de peccadille,
Et que qui donne au féducteur
De plaifir la moindre broutille,
Perd tout dans ce monde cenfeur
Et déshonore fa famille,
Sur elle ouvre les yeux, de peur
Que quelque maraudeur ne pille
Avant l'hymen fa tendre fleur.
Car après, c'eft une autre affaire,
C'eft à l'époux, non à la mère
A chaffer le loup raviffeur.
Un Officier aimable & lefte
Un beau jour leur eft préfenté.
D'Ifabelle le front modefte,

L'air simple, l'ingénuité,
Parurent l'enflammer de reste.
Il savoit que la volupté
Dans jeune cœur se manifeste
Avec plus de rapidité,
Qu'alors le triomphe est plus preste.
La maman qui voit le danger,
Use en ce cas de diligence ;
Avant qu'il puisse s'engager
Dans une tendre intelligence,
Elle fait l'attirer à part ;
Interpelle sa conscience ;
Dit qu'à l'honneur c'est un écart
Que de séduire l'innocence ;
Et que la juste Providence,
D'un remord poignant tôt ou tard
Puniroit une telle offense,
Et cetera. Notre Officier
Contemplant de plus près la Dame,
Dans son cœur qui n'est point d'acier
De l'amour sent naître la flamme ;
Et d'un ton qui va droit à l'ame,
Lui dit : O d'un objet charmant !
Mère encore plus adorable,

Si vous craignez qu'à mon tourment
L'amour la rende favorable,
Pour elle, d'un mot seulement,
Vous me rendez peu redoutable,
Souffrez pour vous ma tendre ardeur;
Je veux être de la famille,
Et mon amoureuse fureur
Doit toucher la mère & la fille.
Les roses de la volupté
Enchaîneront ma probité.
A ces mots, d'une douce étreinte,
Il serre la main d'Araminte.
Elle se trouble, il presse; enfin,
En dépit de sa résistance,
Par degrés il fait son chemin;
Profitant de la circonstance,
Il va de larcin en larcin;
Et puis de faveurs d'importance
Il remporte un riche butin.
En raccommodant sa coëffure,
Les yeux encor pleins de langueur,
La mère dit : Quelle aventure !
Ah ! ma fille, qu'à ma pudeur
Vient de coûter cher ton honneur

L'ANE FRANCISCAIN,

Ce n'eſt aſſez, amis, de croire en Dieu
Et d'adorer ſa juſtice ſuprême;
  Il faut encore en temps & lieu
  Porter reſpect aux Serviteurs qu'il aime.
On connoît ces Elus, les uns au capuchon,
D'autres à la ſandale, & d'autres au cordon;
Il s'en trouve de bruns, de gris, de noirs, de pies,
  Les uns chauſſés, les autres non.
Cette diverſité fait rire les impies:
  Mais c'eſt péché peu digne de pardon;
Et place en Paradis vaut mieux qu'une épigramme.
  Si je rencontre en mon chemin
De ces gens à bons mots, à l'eſprit libertin,
  Je leur chanterai bien leur gamme:
Mais finiſſons un prologue trop long.
Je veux conter l'hiſtoire d'un ânon,
  Qui, grace au ſacré capuchon,
  Des Sbires brava la furie.

Or vous faurez que c'eft en Italie ,
  Dans un fauxbourg de Seirenza ,
  Que l'aventure fe paffa.

Un Francifcain , certain Père Pancrace ,
Lefte , difpos , adroit , rempli d'audace ,
Ayant fini fa quête heureufement ,
  Dans les campagnes de la Pouille ,
  S'en revenoit à fon Couvent ,
  Chaffant devant lui leftement
Certain baudet chargé de la dépouille.
Pour entrer dans la ville , il étoit dû des droits ,
Pour le beurre , les œufs , le jambon , le fromage
  Que conduifoit l'enfant de Saint François.
Il avife au moyen d'échapper au péage.
Son habit , on le fait , met au-deffus des loix :
  Mais le privilege qu'il donne
  Ne s'étend pas plus loin que fa perfonne ,
Et l'on pouvoit faifir fon âne & fon harnois.
Près la porte en-dedans , une chapelle antique ,
  D'une architecture gothique ,
  Parut propice au deffein du matois.
  Si je pouvois , dit-il , en cet afyle
  Faire entrer mon âne une fois ,
  J'aurois alors l'efprit tranquille.

Il dit, & de la porte approche en tapinois;
    Puis du fouet il ranime fa bête.
L'âne ferrant la queue & l'oreille baiffant,
    Double le pas fous le faix gémiffant :
    Mais des Commis nne foule s'apprête
    A courir fus; le danger eft preffant.
        L'âne eft chargé ; fa démarche eft tardive ;
Et des Sbires toujours la démarche eft active ;
Quand par l'appât du gain leur zele eft excité.
Encore un feul inftant; & le Père Pancrace
        Va voir fon baudet arrêté,
    Et confifquer le fruit de fa beface.
Son efprit fe déploie en cette extrêmité ;
C'eft au fein des dangers que le grand-homme brille.
Il détache à l'inftant capuchon & mandille,
Affuble fon ânon de la fainte guenille,
        Criant : *Per Sàncto Francefco,*
        Afello te fo monaço.
Sur les Sbires la foudre en éclats defcendue
        Les eût moins frappés que la vue
        Du féraphique capuchon,
        Sur le col de ce nouveau frère.
    Un faint refpect fuccède à leur colère,
Et laiffe fans méchef s'échapper le bon Père
        Avec le Capucin ânon.

LES CINQ TALENS,
CONTE.

NOURRISSONS-NOUS de la Sainte Ecriture.
Qui veut vivre chrétiennement
Ne doit faire d'autre lecture.
L'ancien, le nouveau Testament
Sont pour le cœur la meilleure pâture.
Loin de moi ces fiers beaux-Esprits
Qui vont traitant de fariboles
Les facro-faintes paroles
Dont ils ne fentent pas le prix.
C'eft un vrai puits de morale épurée,
La pomme, le ferpent, Sodome, Loth, Agar
Et l'époufe de Putiphar,
De la fière Judith la débauche facrée,
Les careffes de Dalila,
Magdelaine aux remords livrée
Et mille traits comme ceux-là,

Offrent des modeles à fuivre
A tout mortel qui veut bien vivre.
Il s'eft trouvé même des cas
Où de ces traits cités ont tiré d'embarras
Gens engagés dans de fort mauvais pas.

Certain Evêque avoit près de fa Cathédrale
De filles un petit Couvent.
Elles n'étoient que cinq. Sa bonté paftorale
Le portoit à les voir fouvent.
Trente ans à peine avoit l'Abbeffe ;
Teint repofé, les dents blanches, l'œil noir,
Et puis la peau d'une fineffe ;
C'étoit un plaifir de la voir.
Les autres Sœurs avoit encore moins d'âge,
Les traits mignons, les graces du corfage ;
Enfin tous ceux qui venoient au parloir
Trouvoient que c'étoit grand dommage
Que des parens le barbare pouvoir
Eût mis autant d'attraits dans un trifte efclavage.

La mort un jour ravit leur Directeur ;
Il lui fallut nommer un fucceffeur.
C'étoit une importante affaire.

L'Abbeffe,

L'Abbesse, craignant de mal faire,
Pour le choisir s'adresse à Monseigneur.
Le bon Prélat nomme un jeune Vicaire,
Qui depuis peu s'étoit en chaire
Acquis beaucoup d'honneur,
Garçon disert, & qui du formulaire
Se montroit zélé défenseur.
Le drôle étoit bien fait, haut en couleur,
L'épaule large & la jambe fournie;
Et l'on voyoit à sa mine fleurie
Qu'il unissoit les talens, la ferveur
Propres à cultiver la vigne du Seigneur :
Il cultiva si bien que l'année écoulée
La troupe sainte fut doublée.
Notre Evêque, homme de la Cour,
Avoit passé tout ce tems à Versailles.
Pâques le ramenant au sein de ses ouailles,
Au moûtier il va faire un tour,
Sans avertir. C'étoit précisément le jour,
Où l'Abbesse à huis clos faisoit ses relevailles;
Car le Directeur plein de feu
Faisoit de tout rendre graces à Dieu.
Le gaillard y trouvoit son compte;
Car dévote, à ce qu'on raconte,

Par le scrupule aiguise les desirs,
Laisse voir à la fois & l'ardeur & la honte ;
Et ce mêlange heureux met le sel aux plaisirs.

Par la Tourrière bien apprise,
Monseigneur apprend qu'à l'église
Notre Abbesse est en ce moment.
» --- A l'église ! Pourquoi ? Comment ?
» Ce n'est pas l'heure de l'office ;
» C'est quelque pieux exercice,
» Qui l'y conduit apparemment.
» Je vais l'y joindre ". Et le saint homme
Au cœur entre justement, comme
L'étole sur la tête & le cierge à la main,
L'Abbesse, aux pieds du digne Chapelain,
Remercioit le Ciel dans sa vive prière
De l'avantage d'être mère.
Sur un coussin près d'elle est son poupon,
De même chaque autre Vestale
Garde le sien, assise dans sa stale,
Pour lui donner au besoin le téton ;
Car prendre pour cela nourrice du canton
Auroit pu causer du scandale.
Bon Dieu ! dit le Prélat, l'abomination !

Quoi ! dans un lieu d'édification
Trouver d'enfans telle pepinière
   Sous ombre de dévotion ;
   Au démon ouvrant la barrière,
   Il porte fa dent meurtrière
   Jufques dans la fainte Sion.
   Ah ! vous irez au Séminaire,
   Monfieur le pieux Directeur.
   Vous m'aviez féduit dans la chaire :
   Mais vous n'êtes qu'un corrupteur.
Bientôt l'Official.... Ah ! calmez votre bile,
Répond fans fe troubler le prudent Directeur ;
   De point en point j'ai fuivi l'Evangile.
   Vous m'avez donné cinq talens,
   En voilà dix que je vous rends.

LA CONSULTATION,

CONTE.

Un jour chez l'Avocat doucet
Arrive une grosse cliente,
Femme du peuple, entre trente & quarante,
L'œil vif, la mine appétissante ;
Elle heurte à son cabinet.
„ --- De moi que voulez-vous ma mie ?
„ --- Je viens, Monsieur, pour qu'on me démarie.
„ --- Pourquoi ? comment ? -- Mon homme est im-
„ puissant.
„ --- Ah ! le motif est suffisant.
„ Depuis combien de tems êtes-vous en ménage ?
„ --- Eh mais, depuis quinze ou seize ans,
„ Même, je crois, quelque peu d'avantage.
„ --- C'est avoir souffert bien long-tems,
„ Sur-tout ayant la force & je crois le courage
„ De procréer de vigoureux enfans.

» -- Ah! j'en avois un, Monſieur, tous les ans.
--- De qui donc étoient-ils ? --- Vous vous moquez,
     » je penſe ;
» De mon mari. -- Comment l'entendez-vous ?
    » -- J'ai trop d'honneur, de conſcience
» Pour laiſſer faire autre que mon époux.
    » --- Mais vous l'accuſez d'impuiſſance.
    » --- Ah ! c'eſt bien à mon grand regret.
   » Depuis quinze jours, par malice
» Ou par malheur, je ne ſais lequel c'eſt,
» Il ne peut plus. --- J'entends. -- Pour en avoir juſtice
    » Je venois, Monſieur, vous prier .
    » De me faire démarier,
    » Ou faire ordonner qu'il agiſſe
    » Honnêtement comme autrefois.
» --- Le Parlement n'a pas à vos maux de remèdes »,
Répond en ſouriant notre Avocat matois.
    » En cas pareil, il vaudroit mieux, je crois,
    » Vous pourvoir à ſa Cour des Aides ».

LE PROBLÊME,

CONTE.

Aux environs de Pezenas,
Dans son castel vivoit mon père ;
Peu riche, il cultivoit sa terre ;
La chasse faisoit ses ébats.
Heureusement, sans elle, hélas !
Nous aurions fait fort mince chère.
Pour tout domestique, il avoit
Le gros Guillot qui nous servoit
Et sur table & dans l'écurie,
Avoit soin de la métairie,
Pansoit chevaux, les abreuvoit
Et notre jardin cultivoit.
Georgette, brune appétissante,
Fraîche, ferme, haute en couleur,
Etoit notre unique servante,
Et travailloit avec ardeur.

(151)

C'étoit une excellente fille;
Tout le travail de la famille
Rouloit sur elle. Le matin,
Elle cueilloit des herbes au jardin,
Mettoit le pot, elle coëffoit ma mère,
Balayoit, blanchiffoit, coufoit, rapetaffoit;
Et le foir, d'une main légère,
En chantant, près du feu filoit ou tricotoit,
Et la nuit amufoit mon père.
Ah! le bon fujet que c'étoit!
J'avois quinze ans, & grace au Curé du village,
En François, en Latin, je lifois couramment;
Et j'avois même l'avantage
De tracer quelques mots affez paffablement.
Je tirois en volant affez bien pour mon âge;
Je braconnois le jour entier,
Et je rentrois le foir courbé fous le gibier.
M'étant mis à l'affut un jour fur un terrier,
Dans une petite coudraie
Qui touchoit à notre verger,
J'entendis brouffailler par derrière la haie;
J'avance à pas de loup, de peur de déranger
Le gibier dont je crois faire bientôt ma proie;
J'approche... mais quel rabat-joie!

Au-lieu d'un lievre ou d'un lapin,
Qui devoit être mon butin,
J'apperçois le dos de mon père
Et les genoux blancs & charnus
De notre jeune ménagère.
Je m'arrête. » Pourquoi font-ils ici venus »?
Me difois-je à part moi, retenant mon haleine;
Puis j'entends foupirer. » Georgette a de la peine,
» Elle aura fait quelque chofe de mal,
» Et quand papa corrige, il eft par fois brutal.
» Comme il la tient! l'attitude la gêne ».
Plein de pitié, je voulois m'avancer;
Mais je n'ofois, j'avois peur de le courroucer.
Puis j'entends : » -- Quel plaifir!... Ah, ma chère
        » Georgette!
» -- Ah! quel plaifir!... » lui répond la fillette.
Et je les vois encor fe tremouffer.
    Alors mon ame fe raffure,
Je fens en moi le cri de la nature,
Et pour les voir recommencer,
Je me tapis dans ma cachette obfcure.

  Mon père étoit frais, vigoureux,
    Georgette étoit & vive & tendre,

Ils ne me firent pas attendre
Le spectacle objet de mes vœux.
J'examinois d'un œil avide;
Cette leçon fut moins rapide,
Et je sentis dans tous mes sens
Le trouble des desirs naissans.

Quand tout fut dit, je vis Georgette
Recouvrant de sa gorgerette
Deux globes ronds blancs faits au tour :
Pour qui mon cœur brûloit déja d'amour.
Puis je la vois qui s'achemine
Les yeux baissés vers la cuisine ;
Et mon père au logis se rend par un détour ;
Pour y rentrer, moi, je fais le grand tour.

Je me sentois la poitrine oppressée,
Tout ce que j'avois vu trottoit dans ma pensée.
Quoique Georgette fut déja dans la maison,
Il me sembloit la voir sur le gazon
Auprès d'elle occuper la place de mon père,
Et répéter ce que j'avois vu faire.

Le soir Georgette a souper nous servit ;
Elle avoit apprêté la chère,

Jamais je n'aî mangé de fi bon appétit ;
   Après fouper je courus à mon lit
   Pour méditer fur tout ce beau myftère.
  De fommeil, point. Je n'avois dans l'efprit
Que les dodus appas de notre ménagère ;
D'y penfer me donnoit un plaifir fans pareil.

  Le lendemain, dévançant le foleil,
   Le cœur plein d'une ardeur brûlante,
Je cours à la cuifine attendre la fervante :
  » -- Quoi ! levé de fi bon matin » !
Dit-elle en me voyant là dans cette cuifine.
  » C'eft, repris-je en prenant fa main,
  » C'eft toi, c'eft ta charmante mine
» Qui ne m'a pas laiffé dormir plus qu'un lutin ».
  Et puis mes mains à la fourdine
  Vont fourageant par-tout grand train.
  » -- Finiffez, petit libertin,
  » Ou j'appellerai votre mère.
  » --- Ah, Georgette ! laiffe-moi faire... ».
  Et fans tarder nouveau larcin.
 » --- Vit-on jamais un pareil efpiegle ?
» --- L'exemple de papa fera toujours ma règle.
» --- Tâchez de vous tenir auffi fage que lui.

» --- C'eſt bien ce que je veux, ma chère.
» Ce qu'il t'a fait hier je le fais aujourd'hui.
» --- Que dites-vous ? Craignez de me mettre en
  » colère.
» --- Rappelle-toi... -- Comment ?... -- Hier dans
  » le verger.
» --- Hé bien, quoi ? -- J'ai tout vu, mais ſans vous
  » déranger.
» -- Vous avez vu... --- J'ai vu ce que faiſois mon
  » père.
 » --- Ah, mon bon Dieu !... Si votre mère...
 » --- Va, je ne veux point t'affliger.
 » Quoique jeune, je ſais me taire :
 » Mais il faut auſſi m'obliger.
» -- Que me demandez-vous ? --- De n'être point
  » ſévère ".

Pour conſerver ſa réputation,
 L'honneur ordonne de tout faire :
 Après quelque altercation,
 Georgette ceſſa d'être auſtère.
 Quelques fagots qui dans un coin
 Attendoient qu'on en eut beſoin
Pour allumer le four ou pour rechauffer l'âtre,
Furent de nos tranſports le modeſte théâtre.

Déja deux fois avec rapidité,
Nous avions favouré la douce volupté.
De mes levres preffant une gorge d'albâtre,
  Je m'efforçois par de nouveaux plaifirs
  A fignaler le retour des defirs.
  Quand deux foufflets, donnés d'une main fûre,
Vinrent brifer en moi l'orgueil de la nature.
Je me leve rempli de courroux & d'effroi :...
Que devins-je, en voyant l'auteur de mon injure?
  C'étoit mon père ; il s'avance fur moi
  Le bras armé d'un gourdin redoutable.
Je veux, pour l'éviter, me gliffer fous la table.
Il m'y joint. De tout tems le plus fort fit la loi.
Le voyant acharné fi fort à ma pourfuite,
Chauffes bas, je cherchai mon falut dans la fuite.
Mais la pauvre Georgette!... Elle me fait pitié.
Allarmé, je reviens fur la pointe du pied.
De la porte en tremblant j'approche mon oreille,
Et j'entends notre belle, après quelques fanglots,
Difant : » Vous ne pouviez venir plus à propos.
» De ce petit frippon la force eft fans pareille ;
  » Et je crois qu'un moment plus tard,
  » Malgré toute ma réfiftance,
  » Mon amour pour vous, ma conftance,

„ Mon honneur couroit grand hafard ".

Mon père à ce difcours s'appaife.

„ --- Comment ? il n'a pas fait… -- Oh non ; mais
      „ l'égrillard

„ Etoit tout prêt… --- Tant mieux ". Puis le maître
      paillard,

Redevenant plus chaud que braife,

Reprend l'ouvrage commencé,

Au point où je l'avois laiffé.

A quelques jours de-là, Georgette

Eprouve de grands maux de cœur.

La ceinture de la pauvrette

Devient trop courte & dément fa pudeur :

Et neuf mois écoulés, en perfonne d'honneur

Qui fe fait un devoir de rendre,

A terme, ce qu'elle a pu prendre,

La bonne fille mit au jour

Un garçon beau comme l'Amour.

Qu'en penfez-vous ? fur-tout foyez fincére

Eft-il mon fils ? eft-il mon frère ?

LE PEINTRE D'HISTOIRE,

CONTE.

Céphise a peu d'esprit, encore moins d'étude.
Mais son nez retrouffé, son teint frais, son œil noir
En vérité font grand plaifir à voir;
Elle n'eft bégueule, ni prude.
Femme qui de l'amour fait fentir le pouvoir,
Sait à mon gré tout ce qu'il faut favoir.
Devant elle on parloit des talens d'un grand Peintre,
Dont le moëlleux & fublime pinceau
Du dôme d'un temple nouveau
– Venoit de décorer le ceintre :
» – Que je voudrois avoir mon portrait de fa main "!
Puis elle prend l'adreffe de l'Artifte,
La met en tête de la lifte
De l'agenda du lendemain.
On peut juger du foin qu'on prit à fa toilette;
De tout point elle fut complète.

Elle arrive : » Monſieur, dit-elle en l'abordant,
   » Je me ſens un deſir ardent .
» D'avoir mon portrait peint par une main ſavante.
  » Aucun ne peut mieux remplir mon attente.
   » Exercez pour moi vos talens.
» --- Madame, un tel portrait ſerviroit à ma gloire :
   » Mais je ne peins plus que l'Hiſtoire.
  » -- Bon! vos tableaux doivent être plaiſans...
» Des hiſtoires à l'huile !.... Allons, je veux vous
     » croire.
  » Commencez mon portrait par-là ;
  » Le reſte, un autre le fera ".

LE MAYEUR PRUDENT,

CONTE.

Dans certaine ville de guerre
Habitoit un vieil Echevin,
Dont la femme, vive commère,
Le cœur au plaisir très-enclin,
Accueilloit bien le militaire;
Ce que l'époux n'approuvoit guère:
Mais il y perdoit son latin.
Outré de sa façon de faire,
Chez le Mayeur il court un beau matin.
Ce Mayeur étoit vieux, mais sage:
Qu'avez-vous, lui dit-il, voisin?
-- Ma femme chaque jour m'outrage.
Je ne la puis faire changer de train.
Quand je la gronde, elle rit, & j'enrage.
Pour me venger de ce lutin,
Dans un couvent je veux la mettre en cage.

Mon

Mon ami, répond le Mayeur
En pareil cas tant de tapage
Fait rarement à l'époux grand honneur.
— N'importe, je suis las de tout ce tripotage.
Pour la faire enfermer, je viens à vous, Monsieur,
D'un ordre implorer la faveur.
— De mon autorité ceci passe les bornes;
Adressez-vous au Gouverneur;
Je ne me mêle pas des ouvrages à cornes.

LA BONNE FEMME,

CONTE.

Aux deux sexes le Créateur
Donna divers lots en partage.
L'homme eut la force & le courage ;
La femme eut la beauté, les graces, la douceur,
Qui tôt ou tard subjuguent la valeur.
Quelquefois un époux volage,
D'un délire amoureux peut caresser l'erreur ;
Mais une femme douce & sage
Aura, j'en réponds, l'avantage
De fixer à la fin son cœur.
Dans une ville de Touraine,
La jeune & vertueuse Hélène
Depuis deux ans & quelques mois,
Avoit uni son sort à celui d'un bourgeois,
Riche, bien fait ; mais qui par fois,
De l'hymen secouant la chaîne,

Par fa légéreté la mettoit aux abois :
Avec moins de fageffe elle auroit pu fans peine
    Lui rendre fève pour un pois.
Ses traits étoient touchans & fa taille légère :
    Mais cette taille, ce minois
    Dépendoient d'une ame févère,
    Qui du devoir fuivoit les loix.
    L'époux avoit près de la ville
Un bien que régiffoit certain vieux Métayer,
    Dont la femme accorte & facile
    Préféroit le maître au fermier.
    Vercourt, c'eft le mari d'Hélène,
    A la ferme couroit fouvent
    Voir fa villageoife Sirène,
Et par fois y couchoit ; pour tout appartement,
    Un taudis fale, ouvert au vent ;
Pour meubles, un châlis couvert d'une paillaffe ;
Du pain bis & des fruits pour unique aliment,
Avec ce qu'il pouvoit attraper à la chaffe.
    Il s'y trouvoit bien cependant ;
    Pourquoi ? C'eft qu'il étoit amant.
Mais de retour chez lui, tout tranfi, tout de glaçe,
Hélène à l'échauffer s'employoit vainement ;
    De cet ingrat qui la néglige,

L ij

Le danger la trouble & l'afflige.

Elle tremble pour sa santé,

Quoiqu'une autre en touche la rente ;

Et dès le lendemain son ardeur diligente,

Avant le jour d'un pas précipité,

La conduit chez sa Lieutenante.

--- Quand en ces lieux vient mon époux,

Où couche-t-il, dit-elle à la galante ?

--- Hélas ! Madame, ici, répond l'autre tremblante.

--- Pour souper que lui donnez-vous ?

--- De peu de chose il se contente.

--- Enfin quoi ? --- Du pain bis, du lard avec des choux.

--- En ce cas, je suis peu surprise

De le trouver si morfondu

Quand au logis il est rendu.

De tous côtés ici souffle la bise.

Et de foibles restaurans,

Couchant auprès de vous, ne sont pas suffisans.

--- Madame penseroit... C'est médisance pure.

--- Je me doutois de l'aventure ;

Et pour qu'il puisse avec plus d'agrément

Occuper votre logement,

J'apporte un bon grand lit, traversin, couverture,

Deux oreillers, un paravant,

Des fauteuils, & de vin une bonne futaille,
Dont, s'il vous plaît, vous aurez foin
De lui verfer dans le befoin.
N'épargnez point fur-tout votre volaille,
Pourvu qu'il me revienne au logis bien portant,
Je vous rendrai le tout comptant.
Puis fous fes yeux cette époufe accomplie
Fait placer dans la métairie
Tous les meubles qu'elle apportoit.
La fermière toute ébahie
Ouvroit de grands yeux, rougiffoit,
Et fans mot dire obéiffoit.
La befogne achevée, Hélène
Retourne auprès de fon époux,
Et fans marquer la moindre gêne,
Lui rend tous les foins les plus doux.
L'ingrat y prenoit garde à peine.
Trois jours après fe trouvant bien remis,
Vercourt prend fon fufil & quitte le logis.
A fon départ, fon époufe l'embraffe.
Il fait bien froid, cher Vercourt, pour la chaffe.
On s'enrhume à refter long-tems fur un terrier.
Si plus que moi vous aimez le gibier,
Chaffez, j'y confens; mais ménagez-vous de grace.

L iij

Ne craignez rien, dit l'époux en fortant;
Et le voilà, traverfant la bruyère,
    Qui fe rend prefqu'en un inftant
    Auprès de fa chère fermière,
    Dont au lit le caduque époux
    Etoit retenu par fa toux.
Comment vous va, dit Vercourt à Jérôme?
Il fait bien froid, tenez-vous chaudement;
    Puis, fans écouter le bon-homme
    Qui faifoit fon remerciment,
    Il paffe avec la ménagère
    Dans l'autre chambre qui naguère
N'étoit qu'un bouge, & voit avec étonnement,
    Au-lieu d'un grabat miférable,
    Tout ce commode ameublement,
    Dont fon époufe fecourable
    Avoit garni l'appartement.
D'où vient ceci, dit-il dans fa furprife?
Lit de duvet, hédredon, draps de frife;
    Qui peut avoir en ces lieux apporté
Et tant d'aifance & de commodité?
    --- Vous le favez bien; c'eft Madame.
--- Madame! qui? --- Madame votre femme.
--- Ma femme! Quand? -- C'eft avant-hier, je penfe.

--- Pourquoi ? -- Pour ménager, je crois, votre santé
Par le grand froid. --- Quel excès de bonté !
Quand, par sa coupable inconstance,
Son époux l'afflige & l'offense ;
De la saison pour lui redoutant l'âpreté,
Sa tendre & bénigne prudence
En veut adoucir l'inclémence !
Qu'elle me fait haïr mon infidélité !
Nous goûterons les douceurs de l'aisance.
J'ai du bois sec, de bon vin vieux.
Vive l'amour & l'abondance !
Nous nous amuserons au mieux.
La commère à ces mots veut embrasser son maître ;
Il la repousse : Non, dit-il, il n'est plus tems.
Hélène en moi ne verra plus un traître.
Je rougis de l'avoir trompée aussi long-tems.
Son amitié dans ces instans
Pour mes yeux dessillés est un trait de lumière ;
Pour elle je reprends ma tendresse première.
Quand à vous, gardez ces présens.
Je vais, abjurant ma foiblesse,
Par mes remords regagner sa tendresse,
Et pleurer mes égaremens.
Il dit, & puis il quitte l'égrillarde,

Qui, l'œil éteint & la mine hagarde,
Tend vainement les bras pour l'arrêter.
A ses genoux bientôt la tendre Hélène
  Voit Vercourt se précipiter,
Demander grace & l'obtenir sans peine.
Elle l'embraffe, & bénit sa douceur,
  Qui d'un époux que le remords entraîne,
A mieux que le dépit su regagner le cœur.

Fin du Tome premier.

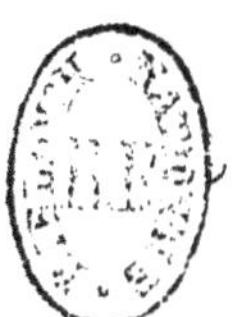

TABLE
DES CONTES, &c.

Fin de la Table.